Emotionale Intelligenz

Anja von Kanitz

2. Auflage

HAUFE.

Inhalt

Teil 1: Praxiswissen Emotionale Intelligenz

Teil 2: Training Emotionale Intelligenz

Vorwort

Emotionen galten lange als etwas Privates. Im Berufsleben hatten sie nichts zu suchen, waren geradezu verpönt. Heute weiß man allerdings dank neurobiologischer und psychologischer Forschungen, dass die Trennung von Gefühl und Verstand eine Illusion ist. An allen Entscheidungen, die wir treffen, sind jene Teile des Gehirns maßgeblich mitbeteiligt, die Emotionen verarbeiten – auch dann, wenn es um rein sachlich-fachliche Themen geht. Emotionen sind Teil eines hochintelligenten Systems, das uns hilft, Situationen einzuschätzen und zu handeln. Ob bewusst von uns wahrgenommen oder nicht – sie beeinflussen maßgeblich unsere Entscheidungen. Übernehmen sie jedoch allein das Kommando, so können sie auch erheblichen Schaden anrichten.

In diesem TaschenGuide erfahren Sie mehr darüber, wie Emotionen entstehen, wie sie wirken und uns beeinflussen. Sie werden nach der Lektüre mehr darüber wissen, wie Sie die Wahrnehmung Ihrer Emotionen verbessern und aktiv Einfluss auf Ihre Gefühle nehmen können. Sie erfahren, wie Sie Gefühle als Impulsgeber für Verbesserungen nutzen und anderen gegenüber angemessen ausdrücken können.

In Teil 2 finden Sie zahlreichen Übungen, die Sie dabei unterstützen, ein intelligentes System intelligent zu nutzen.

Anja von Kanitz

Emotionen als Orientierungshilfe

Emotionen zählen zum lebensnotwendigen Rüstzeug, mit dem uns die Evolution ausgestattet hat – auch im Beruf. Wenn wir lernen, angemessen mit ihnen umzugehen, versetzen sie uns in die Lage, Reize und Situationen stimmig zu bewerten und adäquat auf sie zu reagieren.

Im folgenden Kapitel lesen Sie,

- wie Emotionen den Fortschritt der Menschheit begünstigt haben (S. 7 ff.),
- wie eng Emotionen mit körperlichen Prozessen verbunden sind (S. 12 f.) und
- worin der Schlüssel für emotionale Intelligenz liegt (S. 14).

Warum wir Gefühle haben

Wir Menschen haben viele Fähigkeiten entwickelt, deren Sinn uns ohne weiteres einleuchtet – z. B. unsere im Vergleich zu anderen Lebewesen enorme manuelle Geschicklichkeit. Sie ermöglichte uns die Produktion von Hilfsmitteln und erleichterte uns damit das tägliche (Über-)Leben sehr. Oder nehmen wir die Fähigkeit zu logischem und kreativem Denken: Sie ist der Motor für die Entwicklung von Neuem und führte zu einem unglaublichen Erfindungsreichtum.

Aber welchen Sinn haben die zahlreichen Gefühle mit ihren vielen Nuancen und Varianten? Die Kurzantwort auf diese Frage lautet: Gefühle helfen uns – manchmal in Bruchteilen von Sekunden –, Situationen und Menschen einzuschätzen. Sie mobilisieren im Körper die nötige Energie für die Bewältigung schwieriger Situationen und geben Handlungsimpulse. Sie ermöglichen uns, in einer komplexen Umwelt besser durchzublicken, und ergänzen damit die Arbeit des Verstandes, der das Gleiche mit den Mitteln der Logik versucht. In Entscheidungssituationen sind Gefühle also eine wichtige Instanz – auch wenn Sie es nicht immer merken.

Beispiel: Jobwechsel

Wenn Sie das Angebot bekommen, auf eine bessere Position in einer anderen Niederlassung Ihres Unternehmens zu wechseln, dann werden Sie sich zunächst vorstellen, wie es wäre, wenn Sie es annähmen. Die Gedanken, die Ihnen bei dieser Vorstellung kommen, lösen in Ihnen Emotionen aus – z. B. löst die Vorstellung, Verantwortung für ein großes Team zu haben, Freude, Stolz oder auch Befürchtungen und Selbstzweifel aus. Die Vorstellung, in einer großen Stadt zu leben, triggert Neugier, Freude, Interesse oder auch Unwohlsein und Angst. Die Vorstellung, Ihr bisheriges Leben aufzugeben, bewirkt vielleicht Erleichterung („Endlich komme ich aus diesem Kaff heraus!"), aber vielleicht auch Trauer darüber, Ihre Freunde und Kollegen zurücklassen oder das Haus aufgeben zu müssen. Je nachdem, welche Gefühle Sie bei diesen Vorstellungen entwickeln und wie stark diese sind, werden sie Ihre Entscheidung wesentlich beeinflussen. Wenn Ihr Gefühl der Trauer und Angst überwiegt, wird Ihr Verstand gute Gründe finden, warum das Angebot nicht attraktiv (genug) ist. Sie können aber davon ausgehen, dass Ihr Gefühl erheblich zu dieser Entscheidung beigetragen hat und die rationalen Gründe oft nur vor- oder nachgeschoben sind.

Emotionen beeinflussen durch Signale Ihre Entscheidungen. Sie unterstützen Sie dabei, verschiedene Zukunftsszenarien durchzuspielen und die Ihrer Erfahrung nach für Sie günstigste Version zu wählen. Nach allem, was wir heute wissen, sind Emotionen weder Luxuszugaben für romantische Gemüter, ein Privileg des weiblichen Geschlechts noch – mit ihren zerstörerischen Elementen – ein Irrtum der Natur.

Emotionen sind Teil eines hochkomplexen Apparates, der uns Sachverhalte und Situationen einschätzen hilft. Sie bewegen uns dazu, etwas zu tun oder zu lassen, und ermöglichen es uns, flexibel auf immer wieder neue Anforderungen der Umwelt zu reagieren.

Emotionen als Überlebensvorteil

Schon der Evolutionsbiologe Charles Darwin hat sich im 19. Jahrhundert mit Emotionen beschäftigt und gefragt, welche Funktion sie haben. Seine These lautet, dass die Entwicklung von Emotionen zu einem Überlebensvorteil der Spezies Mensch geführt hat. Heute teilen die meisten Forscher Darwins Ansicht, dass Emotionen den Fortschritt der

Menschheit enorm begünstigt haben. Emotionen helfen, gesammelte Erfahrungen in kurzer Zeit abzurufen sowie neue Situationen und Menschen einzuschätzen. Sowohl in der Bewältigung von Standardsituationen als auch bei der Entwicklung von Plänen und der Einschätzung von Risiken spielen sie eine herausragende Rolle.

Hilfe in existenziell bedrohlichen Situationen

Emotionen reagieren auf existenziell bedrohliche Situationen schneller als der Verstand. Sie mobilisieren in Bruchteilen von Sekunden Energien und veranlassen den Körper dazu, sich zu schützen – je nach Gefahrenlage durch Ausweichen, Flucht, Erstarren oder Angriff bzw. Verteidigung.

Hilfe beim Planen und Entscheiden

Die Fähigkeit zu vorausschauendem Denken und Handeln ist eng mit Emotionen verbunden, die es uns ermöglichen, die Folgen unseres Handelns vorauszusehen bzw. vorauszufühlen. Die Fähigkeit zu vorausschauendem Fühlen („Was wird passieren, wenn …?") eröffnete den Menschen eine ganz neue Dimension, über den Moment hinaus zu denken, Neues auszuprobieren und sich bewusst für bestimmte Handlungen zu entscheiden.

Mittel der Kommunikation

Emotionen sind ein wichtiges Verständigungsmittel zwischen Menschen. Mit Gefühlen sind verschiedene typische körperliche Ausdrucksformen verbunden, die Ihnen signalisieren, wie Sie den anderen einzuschätzen haben. Vor allem der Gesichtsausdruck und die Körperhaltung sind Anhaltspunkte für die Taxierung eines anderen Menschen. Von einem lächelnden, entspannt wirkenden Gegenüber wird selten Gefahr ausgehen. Ein Mensch mit zusammengezogenen Augenbrauen, vorgeschobenem Kiefer und angespannter Muskulatur wirkt dagegen schon eher bedrohlich und warnt Sie, Abstand zu halten bzw. den anderen nicht zu reizen. Der Ausdruck von Trauer veranlasst Sie wiederum dazu, den anderen rücksichtsvoll zu behandeln, ihm zu helfen oder ihn in Ruhe zu lassen.

Der körperliche Ausdruck von Stimmungen und Gefühlen ist entwicklungsgeschichtlich älter als die Verständigung über die Sprache. Doch noch heute ist im Gespräch der körpersprachliche Ausdruck über Mimik, Gestik und Körperhaltung unentbehrlich für die Einschätzung des Gegenübers und die Verständigung miteinander.

Wie Gefühle entstehen und was sie bewirken

Emotionen sind immer eine Reaktion auf einen Reiz. Dieser kann von außen kommen, z. B. in Gestalt eines knurrenden Hundes oder eines lustigen Kommentars Ihres Kollegen. Er kann aber auch durch Ihre eigenen Gedanken und Erinnerungen hervorgerufen werden, so z. B. wenn Sie sich an eine Jugendfreundin erinnern oder an das nächste Mitarbeitergespräch mit Ihrem Chef denken. Für den Körper ist es einerlei, ob der Auslöser real in der Umgebung vorhanden oder nur vorgestellt bzw. erinnert ist – er reagiert mit dem immer gleichen Muster. Aber wie kommt es, dass der Körper mit einer Emotion auf solche Reize antwortet?

Gespeicherte Erfahrung

Man geht heute davon aus, dass alles, was unser Gehirn speichert – also alle Erlebnisse, Informationen, Kontakte, Eindrücke etc. –, mit einer Bewertung versehen abgelegt wird, also beurteilt nach gut oder schlecht, angenehm oder nicht, gefährlich oder harmlos. Das geschieht weitestgehend unbewusst und vereinfacht uns Menschen die Orientierung in unserer Umwelt. Schneller, als wir es je durch Denken erreichen könnten, zeigt uns die Emotion in einer aktuellen Situation an, was wir von einer Sache zu halten haben. Maßstab ist dabei die gespeicherte persönliche Vorerfahrung mit vergleichbaren Ereignissen. Dies können auch Ereignisse sein, an die wir uns bewusst nicht mehr erinnern, die aber trotzdem ihre Spuren in unserem emotionalen Gedächtnis hinterlassen haben.

Schneller als das Bewusstsein

Ganz besonders schnell läuft dieser Prozess ab, wenn etwas als negativ oder gefährlich abgespeichert wurde. Das emotionale System können Sie sich als ein hochwirksames Wach- und Alarmsystem vorstellen. Unablässig scannen Sie die Umwelt durch Ihre Sinne ab. Diese Informationen werden – ohne dass Sie es bewusst wahrnehmen würden – im Hintergrund verarbeitet, während Sie Ihren normalen Tätigkeiten nachgehen. Immer, wenn etwas Besonderes die Aufmerksamkeit dieses Scanners erregt, erfolgt innerhalb von Sekundenbruchteilen eine entsprechende körperliche Reaktion.

Individuelle Bewertung der Reize

Bei negativ abgespeicherten Reizen geschieht dies innerhalb von 120 Millisekunden. Was dabei von Ihrem Scanner als positiv oder negativ angesehen wird, ist zu einem gewissen Teil universal, also im genetischen Programm des Menschen festgelegt. Zu einem großen Teil hängt die Bewertung jedoch auch von der individuellen Lebenserfahrung jedes Einzelnen ab. So unterschiedlich wie die Menschen ist auch jedes einzelne Gehirn mit seiner Datenbank an gespeicherten Reizen und Erfahrungen.

Beispiel: Kundenpräsentation

Herr Mayer wird von seinem Chef beauftragt, die Präsentation bei einem wichtigen potenziellen Neukunden zu übernehmen. Er freut sich, dass gerade er mit dieser Aufgabe betraut wird, fühlt sich angesichts dieses Vertrauens in seine Fähigkeiten geschmeichelt und macht sich guter Dinge an die Vorbereitung. Herr Noll, in der gleichen Situation, bekommt einen großen Schrecken und denkt nur: „O Gott!" Er gerät in ein Kreuzfeuer sorgenvoller Gedanken: „Was tue ich, wenn sie uns den Auftrag nicht geben, weil ich es nicht richtig vermitteln kann? – Bestimmt verhasple ich mich wieder. – Ich kann sicher nicht alle Fragen beantworten. – Warum nimmt er nicht den Mayer? Warum bekomme ausgerechnet ich diese schwierige Aufgabe?"

Welcher Reiz welche Gefühle auslöst, hängt zu einem großen Teil von Ihrer Lebensgeschichte ab. Die bewusste Auseinandersetzung mit hemmenden oder destruktiven Gefühlen kann Ihnen helfen, diese zu überwinden und die eigene Geschichte verändert weiter zu schreiben.

Körperliche Prozesse durch Emotionen

Grundsätzlich verfügen alle Menschen über eine Grundausstattung von Emotionen, die entwicklungsgeschichtlich sehr alt und teilweise auch bei Tieren festzustellen sind. Zu diesen so genannten primären oder Basisemotionen zählen Freude, Trauer, Furcht, Ärger, Überraschung und Ekel. Wie Sie sicherlich schon an sich selbst beobachten konnten, sind diese Emotionen von bestimmten körperlichen Symptomen begleitet.

Beispiel: Körperliche Reaktion bei Zorn und Angst

Wenn Sie sich ärgern, wird Ihnen wahrscheinlich wärmer und Ihr Gesicht rötet sich. Ihr Herz schlägt heftiger und die Atmung wird kürzer, schneller und flacher. Bei großer Angst werden Sie hingegen blass, Ihre Hände werden kühler und zittern vielleicht. Ihre Augen sind geweitet, Ihr Herz schlägt schneller, die Atmung wird hastiger und flacher. Menschen mit Prüfungsangst haben aufgrund der körperlichen Veränderungen oft Schwierigkeiten, die richtigen Worte zu finden oder sich an Sachverhalte zu erinnern. Bei Angst wird der für die intellektuelle Arbeit nötige Teil des Gehirns schlechter versorgt und stattdessen möglichst viel Energie der Muskulatur zur Verfügung gestellt.

Emotionen sind also auf engste Weise mit dem Körper verbunden. Antonio Damasio, portugiesischer Neurologe und bedeutendster Emotionsforscher, beschreibt sie sogar in erster Linie als körperliches Phänomen. Für ihn sind Emotionen Abbilder innerer Zustände des Körpers, die ein bestimmtes Muster haben; dabei verändern sich im Körper automatisch bestimmte Werte wie etwa Pulsschlag, Muskelspannung, Durchblutung und Hirnleistung. Bei Angst spielen sich im Körper andere Prozesse ab als bei Freude, bei Ärger andere als bei Traurigkeit.

Fühlen geht vor Denken

Dann, wenn die emotionale Reaktion Ihres Körpers so deutlich ist, dass Sie sie wahrnehmen können, nennt Damasio sie Gefühl. Gefühle sind also ins Bewusstsein geratene und damit dem Denken zugänglich gewordene Emotionen. Dieser Aspekt wird für uns noch von besonderem Interesse sein. Denn das, was unserem Bewusstsein und Denken zugänglich ist, ist auch beeinflussbar. Dennoch: Auch wenn wir emotionale Prozesse, die sich in unserem Innern abspielen, nicht wahrnehmen, haben sie Einfluss auf unseren Körper und unser Handeln.

Es gibt verschiedene Experimente, die belegen, dass die körperliche Reaktion der eigenen bewussten Empfindung von Angst vorausgeht. So zeigte man Teilnehmern eines Experiments verschiedene Dias; manche davon – Angst einflößende (etwa Bilder von Schlangen) – so kurz, dass es nicht möglich war, sie bewusst wahrzunehmen. Trotzdem veränderten sich die körperlichen Parameter der Teilnehmer, wie dies bei Angst der Fall ist (z. B. Veränderung der Hautleitfähigkeit, Schweißbildung etc.). Auch bei der Aufgabe, sich an ein trauriges Ereignis zu erinnern, traten die messbaren körperlichen Symptome auf, und zwar bevor die Probanden Handzeichen gaben, dass sie Traurigkeit empfanden.

Wie wir mit Gefühlen umgehen

Für das Erkennen von emotional besetzten Reizen (z. B. der herannahende cholerische Abteilungsleiter, eine schlechte

Bewertung oder ein frisch gebackener, duftender Apfelkuchen) und die Auslösung der damit verbundenen emotionalen Prozesse sind vor allem die entwicklungsgeschichtlich alten Teile des Gehirns zuständig (Hirnstammkerne, Mandelkern, limbisches System). Dieses alte System, auch „Low Road" genannt, sorgt für eine schnelle gefühlsmäßige Einschätzung einer Situation.

Für das Erkennen von Emotionen und deren gedankliche Verarbeitung sind hingegen die entwicklungsgeschichtlich jüngeren Teile des Gehirns (Kortex) zuständig. Dieses neuere System, auch „High Road" genannt, sorgt für die verstandesmäßige Bearbeitung des Reizes. Es ergänzt, verfeinert und revidiert die Erstbewertung, arbeitet aber auch entsprechend langsamer. Damasio schließt daraus, dass die Wahrnehmung und gedankliche Bearbeitung von Emotionen eine evolutionäre Weiterentwicklung darstellt.

Die eigenen Gefühle steuern

Tiere sind den Handlungsmustern ihrer Emotionen ausgeliefert – Menschen nicht unbedingt und nicht in diesem Maße. Durch die bewusste Wahrnehmung von Emotionen und die Möglichkeit, sie über die High Road gedanklich zu überprüfen und an die aktuelle Situation anzupassen, haben wir mehrere Möglichkeiten, in einer Situation zu reagieren.

Darin sieht man heute den Schlüssel für emotionale Intelligenz. Sind Sie Ihren emotionalen Prozessen völlig ausgeliefert, so kommen Sie – gerade unter den heutigen beruflichen Bedingungen – ganz sicher in höchst problematische Situationen, die negative Auswirkungen auf Ihre Karriere haben können. Erkennen Sie hingegen Emotionen rechtzeitig, können Sie ihren Informationsgehalt mit Ihrem Verstand abgleichen und sie beeinflussen, so erweitert sich Ihr aktiver Handlungsspielraum.

> Sie können nicht verhindern, dass ein Reiz Emotionen bei Ihnen auslöst. Dieser Vorgang ist automatisiert. Die Wahrnehmung dieses Gefühls und die gedankliche Weiterverarbeitung haben jedoch entscheidenden Einfluss auf die weitere Entwicklung dieses Prozesses.

Beispiel: Umgang mit Angst vor einer Präsentation

Herr Noll mit seiner Panik vor der anstehenden Kundenpräsentation verstärkt mit seinen Gedanken die erste Angst, die er unmittelbar empfand, als er von diesem Auftrag erfuhr. Seine Gedanken, Zweifel und Fragen bringen ihm bildhaft vor Augen, was schiefgehen könnte, und vergrößern damit seine Angstgefühle. Sein Körper wird darauf mit einer Verstärkung der angsttypischen Reaktionen wie Kurzatmigkeit, Unruhe, Konzentrationsschwierigkeiten etc. antworten und ihm eine gute Vorbereitung und souveräne Präsentation erschweren.

Die Verarbeitung ist entscheidend

Die Fähigkeit des Menschen, über die High Road seine Gefühle durch Gedanken zu beeinflussen, geben Herrn Noll alternative Möglichkeiten an die Hand, um mit dem ersten Schrecken und der Angst umzugehen: Er könnte sich auf Gedanken konzentrieren, die ihm helfen, diese Situation zu bewältigen; damit würden auch die körperlichen Symptome seiner Angst schwächer. Er könnte die Angst auch als Motor für eine gute Vorbereitung nutzen oder als Anlass, sich gezielt im Bereich

Präsentation bzw. Rhetorik fortzubilden. Dabei könnte er vieles lernen, was es ihm erleichtert, solche angstbesetzten Redesituationen zu meistern.

Auf jeden Fall spielt das, was Ihnen durch den Kopf geht, wenn Sie ein Gefühl empfinden, eine wichtige Rolle für dessen weiteren Verlauf und Wirkung. Gleichzeitig können Gefühle der Anlass für gezielte Handlungen sein, die Ihnen helfen, die Situation besser zu bewältigen. Mehr zum konstruktiven Umgang mit Angstgefühlen lesen Sie auf Seite 108 ff.

Traumatische Erlebnisse

Bei Reizen, die an traumatische Erlebnisse erinnern (etwa ein Geräusch, ein Geruch, das Aussehen einer Person, ein Kleidungsstück, eine Situation), funktioniert die Abgleichung mit dem Verstand über die High Road nicht. In einer Art Notprogramm reagiert das emotionale System auf der Low Road ohne Zeitverzug und Rücksprache mit den Gehirnarealen, die für die gedankliche Bearbeitung zuständig sind. In einem solchen Fall wird der Körper sofort mit massiven Reaktionen aus dem Angstprogramm antworten. Diese können noch Stunden nachwirken, auch wenn sich der Reiz als völlig harmlos herausgestellt hat.

Therapeutische Begleitung

Linderung dieser Symptome können traumatisierte Menschen in der Therapie bei kompetenten Psychotherapeuten erfahren. Grundsätzlich empfiehlt es sich, therapeutische Hilfe in Anspruch zu nehmen, wenn Sie unter wiederkehrenden starken Angstsymptomen leiden. Es können durchaus auch berufliche Situationen sein, die heftige Nervosität bzw. Angst auslösen und Sie weitgehend unfähig machen, diese Situation angemessen zu bewältigen. In der Therapie haben Sie die Chance, alternative Wege für den Umgang mit dieser Emotion und der Angst auslösenden Situation zu entwickeln.

Einflüsse durch Erziehung und Kultur

Die primären Emotionen (Freude, Trauer, Furcht, Ärger, Überraschung und Ekel) lassen sich in Kulturen rund um den Globus beobachten. Sie gehören zur genetischen Grundausstattung des Menschen. Die damit verbundenen Gesichtsausdrücke sind universal und müssen nicht erlernt werden. Bestimmte Gefühle für Standardsituationen sind genetisch programmiert, wie z. B. Angst im Dunkeln.

Darüber hinaus wird aber das Feintuning der Gefühle vor allem durch Erziehung und Kultur geprägt. Wir lernen von den Menschen unserer Umgebung, wann was traurig, gefährlich, eklig, freudig ist – man nennt das „Feeling Rules" (Gefühlsregeln). Aber trotz großer kultureller Unterschiede, was spezielle Feeling Rules betrifft, gibt es gerade bei den Basisemotionen auch große Übereinstimmungen.

Auf der nächsten Seite sehen Sie Abbildung „Wie ein Gefühl entsteht".

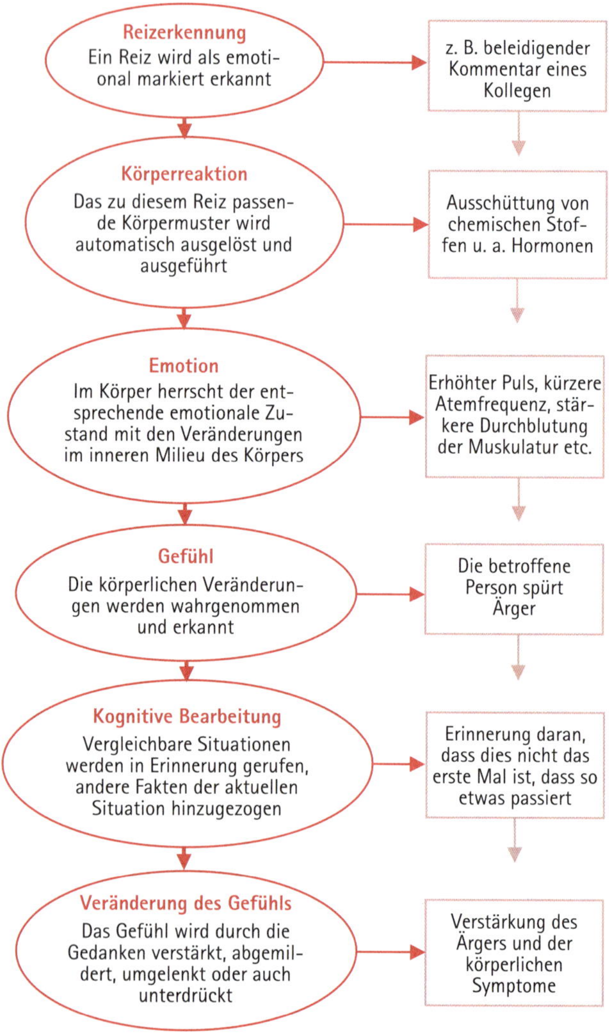
Reizerkennung
Ein Reiz wird als emotional markiert erkannt
z. B. beleidigender Kommentar eines Kollegen
Körperreaktion
Das zu diesem Reiz passende Körpermuster wird automatisch ausgelöst und ausgeführt
Ausschüttung von chemischen Stoffen u. a. Hormonen
Emotion
Im Körper herrscht der entsprechende emotionale Zustand mit den Veränderungen im inneren Milieu des Körpers
Erhöhter Puls, kürzere Atemfrequenz, stärkere Durchblutung der Muskulatur etc.
Gefühl
Die körperlichen Veränderungen werden wahrgenommen und erkannt
Die betroffene Person spürt Ärger
Kognitive Bearbeitung
Vergleichbare Situationen werden in Erinnerung gerufen, andere Fakten der aktuellen Situation hinzugezogen
Erinnerung daran, dass dies nicht das erste Mal ist, dass so etwas passiert
Veränderung des Gefühls
Das Gefühl wird durch die Gedanken verstärkt, abgemildert, umgelenkt oder auch unterdrückt
Verstärkung des Ärgers und der körperlichen Symptome

Beispiel: Universale Gefühle

In verschiedensten Kulturen ist der Verlust eines geliebten Menschen mit Trauer verbunden, ein gelungenes Vorhaben mit Freude, eine Beleidigung mit Zorn, die Bedrohung durch einen körperlich überlegenen Gegner mit Angst, der Geruch verrotteter Speisen mit Ekel etc.

Als sekundäre oder soziale Emotionen bezeichnet man solche, die einen engen Bezug zum gesellschaftlichen Umfeld haben, wie z. B. Mitgefühl, Verlegenheit, Scham, Schuldgefühle, Eifersucht, Neid, Dankbarkeit, Bewunderung und Verachtung. Auch hier erlernen wir die Feeling Rules von unseren Bezugspersonen.

Emotion und Erziehung

Auch wenn das emotionale System in jedem Menschen von Natur aus angelegt ist, wird der Umgang damit erlernt. Kleine Kinder leben ihre Emotionen heftig aus, ohne genau zu wissen, was es damit auf sich hat. Sie werden von ihren Gefühlen überwältigt. Die Reaktion ihrer Bezugspersonen hilft ihnen, das, was mit ihnen passiert, zuzuordnen. Ein Kind lernt durch durch andere, Gefühle zu benennen: Wenn ich mich so und so fühle, ist das Wut, Traurigkeit oder Freude.

Beispiel: Reaktionen auf kindliche Gefühle

Das Kind weint. Die Mutter sagt: „Du bist ja so traurig, mein Schatz! Was ist denn passiert?" Das Kind knallt das Buch in die Ecke. Der Vater sagt: „Okay, du bist wütend, aber deshalb darfst du noch lange nicht mit allem um dich werfen." Die Oma bringt ein kleines Geschenk mit. Das Kind lacht. Die Oma sagt: „Ja, da freust du dich!"

Lernen durch Vorbilder

Kinder lernen durch die Reaktion ihrer Bezugspersonen nach und nach, welche Form von Gefühlsausdruck ihnen in verschiedenen Situationen gestattet wird. Die Regeln, wie man Gefühle in verschiedenen Situationen angemessen ausdrückt oder eben auch unterdrückt, nennt man „Display Rules". Sie können bewirken, dass man den Ausdruck eines Gefühls verstärkt, abschwächt, neutralisiert oder maskiert.

- Verstärken: Die Emotion wird stärker ausgedrückt, als sie empfunden wird; z. B. in Form von Freude beim Erhalt eines Geschenks, das man gar nicht so schön findet.
- Abschwächen: Der Gefühlsausdruck wird reduziert, weil er in der Situation unangemessen wäre; z. B. bei Ärger über den Chef.
- Neutralisieren: Man versucht, eine Emotion nicht sichtbar werden zu lassen (Pokerface).
- Maskieren: Ein Gefühl wird durch ein anderes verdeckt, z. B. Lächeln bei Verlegenheit, Angst oder Ärger.

Kinder erlernen die Regeln im Umgang mit Gefühlen sowohl durch direkte Reaktionen auf ihr Verhalten als auch durch das Vorbild ihrer Bezugspersonen. Das, was sie lernen, hängt folglich in den ersten Jahren stark von der jeweiligen Familie bzw. den Betreuern der Kinder ab. Durch diese Prägung haben die früh erlernten Regeln meist unbewusst eine sehr starke Wirkung und beeinflussen auch die emotionale Kompetenz der späteren Jugendlichen und Erwachsenen.

Beispiel: Falsche Strategien lernen

Anna weint öfter. Schon geringfügige Anlässe genügen, z. B. wenn ihr eine Zeichnung nicht so gelingt, wie sie sich das vorgestellt hat. Ihre Eltern hassen dieses Gejammer und reagieren oft abweisend: „Hör auf zu heulen. Das ist doch nicht so schlimm. – Wenn du nicht aufhörst zu heulen, sperre ich dich in dein Zimmer. – Stell dich nicht so an" (Reaktionsmuster: abwehren, bagatellisieren, missbilligen).

Was lernt Anna durch diese Reaktion? Ihre Enttäuschung und Traurigkeit ist echt. Sie lernt, dass dieses Gefühl unerwünscht ist und dass sie es nicht mitteilen darf. Sie wird lernen, dieses Gefühl bei späteren Anlässen nach außen hin zu unterdrücken (abschwächen/neutralisieren). Sie wird mit ihrer Traurigkeit allein sein und keine alternativen Strategien lernen, mit Enttäuschungen umzugehen, z. B. wie sie mit einem Trick die Zeichnung doch noch retten könnte, wie sie Trost und Anteilnahme oder eine kleine Geste schnell ins seelische Gleichgewicht bringen können etc.

Wahrscheinlich wird Anna als Erwachsene Probleme haben, ihre eigene Traurigkeit rechtzeitig zu erkennen, und Probleme aussitzen. Den Impuls, sich mit der Ursache auseinanderzusetzen und zu handeln, wird sie dann erst bekommen, wenn die Problematik so drängend wird, dass sie nicht mehr zu ignorieren ist (z. B. Eskalation der Probleme, Krankheit, Depression). In diesem fortgeschrittenen Stadium sind Probleme jedoch weitaus schwieriger zu lösen. Ebenso wird Anna Traurigkeit bei anderen wahrscheinlich schlecht aushalten können und entsprechend barsch und abweisend reagieren.

Andere Kulturen, andere Sitten

Der Umgang mit Gefühlen ist auch stark kulturell geprägt. In Japan beispielsweise ist das Ausdrücken von Ärger weitgehend tabuisiert. Es gilt als unhöflich und nicht angemessen. Entsprechend zeigen Eltern im Umgang mit ihren Kindern kaum ärgerliche Reaktionen, sondern versuchen, auf andere Art und Weise Einfluss zu nehmen. Auch Zeichen des Ärgers bei ihren Kindern versuchen sie frühzeitig abzumildern und zu verhindern. So lernen die Kinder, dass Ärger ein Gefühl ist, das man frühzeitig dämpfen muss und keinesfalls nach außen tragen darf.

> Erziehung, Vorbilder und kulturelle Einflüsse spielen bei der emotionalen Entwicklung eine wichtige Rolle. Der Umgang mit Emotionen ist erlernt und damit veränderbar. Hier setzen alle Maßnahmen zur Entwicklung sozialer, emotionaler und persönlicher Kompetenzen an.

Die Bausteine emotionaler Intelligenz

Wer über emotionale Intelligenz verfügt, kann nicht nur die eigenen Gefühle wahrnehmen und regulieren, sondern auch die der anderen. Gerade im beruflichen Kontext ist diese Fähigkeit ein wichtiges Instrument, um Aufgaben zu lösen und Konflikte zu bewältigen.

In diesem Kapitel lesen Sie,

- was emotionale Intelligenz ist (S. 24 ff.),
- welche Bestandteile zur emotionalen Intelligenz gehören: die Fähigkeit, die eigenen Gefühle und die Gefühle anderer zu erkennen und zu verstehen (S. 29 ff., S. 51 ff.), zu beeinflussen und zu regulieren (S. 35, S. 58 ff.) sowie die Fähigkeit, Gefühle zu erleben und auszudrücken (S. 43),
- wie die Einstellung zu Gefühlen diese Fähigkeiten beeinflusst (S. 63 ff.).

Was ist emotionale Intelligenz?

Emotionen wurden in der Kultur des 20. Jahrhunderts lange als nebensächlich abgetan und waren allenfalls tauglich für den Privatgebrauch. Man billigte sie eher den Frauen zu, während die Männer für das logische Denken zuständig waren. Heute wissen wir, dass beides nicht stimmt. Weder sind Gefühle typisch weiblich, noch ist rationales Denken typisch männlich.

Einen Umbruch brachte Mitte der 1990er-Jahre das Buch *EQ – Emotionale Intelligenz* von Daniel Goleman, der Forschungsergebnisse amerikanischer Psychologen über Emotionen populär machte. Seine Hauptthese stellte die bisherige Sichtweise auf den Kopf: Menschen, die beruflich erfolgreich sind, zeichneten sich häufig nicht durch einen außergewöhnlich hohen IQ (Intelligenzquotienten) aus, sondern vor allem durch einen ausgeprägten EQ – durch emotionale Intelligenz.

Vom Störfaktor zum Karrierefaktor

In dem Maße, wie Emotionen unsere Fähigkeit zu denken, zu planen, ein fernes Ziel anzusteuern, Probleme zu lösen etc. fördern oder beeinträchtigen, bestimmten sie auch das Maß, in dem wir unsere angeborenen geistigen Fähigkeiten nutzen können. So entscheiden sie letztlich auch über unseren Lebenserfolg. „In diesem Sinne ist emotionale Intelligenz eine übergeordnete Fähigkeit, die sich – fördernd oder behindernd – zutiefst auf alle anderen Fähigkeiten auswirkt", so Daniel Goleman. Emotionale Intelligenz umfasst nach seiner Definition die Fähigkeit, die eigenen Emotionen wahrzunehmen, mit diesen Emotionen umgehen zu können, sie in den Dienst einer Sache zu stellen, also sich selbst zu motivieren, sowie die Fähigkeit zur Einfühlung in andere Menschen (Empathie) und zum kompetenten Umgang mit Beziehungen.

Golemans These von der engen Verknüpfung zwischen Karriere und emotionaler Intelligenz ist bis heute nicht einwandfrei zu belegen. Trotzdem ist emotionale Intelligenz eine feste Größe in der Forschung geworden, weil der machtvolle Einfluss von Emotionen auf die Handlungen von Menschen weitgehend unbestritten ist.

Kennzeichen und Charakteristika

Dr. Elke Döring-Seipel, Wissenschaftlerin am Institut für Psychologie der Universität Kassel, beschreibt emotional intelligente Menschen folgendermaßen: Sie „können Gefühle und Denken aufeinander beziehen. Das heißt, sie können im Einzelnen ihre eigenen Gefühle differenziert wahrnehmen und ausdrücken und auf dieser Grundlage ihr Denken und ihre Entscheidungen unterstützen. Sie wissen im Allgemeinen sehr viel über emotionale Situationen und Prozesse und können dadurch ihre eigenen Emotionen steuern."

Emotionale Intelligenz als Teilintelligenz

Die auf dem Feld der emotionalen Intelligenz profilierten US-Forscher John Mayer, Peter Salovey und David Caruso vergleichen emotionale Intelligenz mit anderen Teilintelligenzen. Menschen mit ausgeprägter mathematisch-logischer Intelligenz haben besondere Fähigkeiten, Verhältnisse von Zahlen zu erkennen, komplexe mathematische Probleme zu verstehen und Lösungen dafür zu entwickeln. Emotional intelligente Menschen sind hingegen besonders befähigt, emotionale Vorgänge bei sich und anderen wahrzunehmen und mit ihnen angemessen umzugehen. Sie sind in der Lage, emotionale Prozesse vorauszusehen und sie für Denk- und Entscheidungsprozesse nutzbar zu machen. Dies ist für alle Tätigkeitsfelder wichtig, die mit Menschen zu tun haben oder die eine direkte Auswirkung auf Menschen haben.

Beispiel: Auftritt mit katastrophaler Wirkung

Eine bekannte deutsche Bank hat im Jahr 2005 Milliardengewinne eingefahren. Trotzdem verkündete der Vorstandsvorsitzende bei der Präsentation dieser Gewinne, dass Tausende von Arbeitsplätzen eingespart und Entlassungen vorgenommen würden. Die Empörung – also eine durchaus emotionale Reaktion – quer durch alle Gesellschaftsschichten war groß und wäre selbst für einen nur durchschnittlich emotional intelligenten Berater vorhersehbar gewesen. Der Imageschaden für die Bank wird auch durch millionenschwere Kampagnen der Öffentlichkeitsabteilung auf längere Sicht nicht wettzumachen sein.

Sind Entscheidungskriterien einseitig und berücksichtigen emotionales, auf Menschen und ihr Empfinden bezogenes Know-how nicht, so ist der Schaden oft größer als der beabsichtigte Nutzen.

Entscheidend ist die Bewusstheit

Dass alle Menschen über Emotionen verfügen und von ihnen beeinflusst werden, steht außer Frage. Sie unterscheiden sich jedoch deutlich in der Fähigkeit, Emotionen bei sich und anderen wahrzunehmen, sie zu regulieren und sie als Orientierungs- und Entscheidungshilfe in ihrem privaten und beruflichen Alltag zu nutzen.

> Emotional intelligente Menschen können realistisch einschätzen, welche Handlungen voraussichtlich welche Emotionen auslösen werden, und dieses Wissen in eine vernünftige Entscheidungsfindung einfließen lassen.

Angeboren oder nicht?

Golemans erstes Buch zur Bedeutung von Emotionen in einer eher emotionskritischen Gesellschaft hat den Begriff „emotionale Intelligenz" populär gemacht. Er wird in vielen Fällen synonym für den Themenkomplex „Kompetenter Umgang mit Emotionen" verwendet, auch wenn diese Bezeichnung umstritten ist. Mit dem Thema Intelligenz geht immer die Frage einher, was dabei angeboren und was erlernt sei – eine Frage, die man gerade in Bezug auf den kompetenten Umgang mit Emotionen zum heutigen Zeitpunkt nicht beantworten kann.

Fakt ist, dass emotionales Lernen ein soziales Lernen ist, das auf Erfahrungen und Vorbildern beruht. Welchen Einfluss die Gene, also die Veranlagung, auf emotionales Lernen und emotionale Intelligenz haben – und ein Einfluss ist anzunehmen –, wissen wir zu diesem Zeitpunkt nicht. Deshalb bevorzugt ein Teil der Forschenden den Begriff „emotionale Kompetenz", der den Fähigkeitsaspekt in den Mittelpunkt stellt. Entscheidend ist vor allem die Erkenntnis, dass wesentliche Bausteine der emotionalen Intelligenz auf bestimmten Fähigkeiten beruhen – Fähigkeiten, die man erlernen und weiterentwickeln kann.

Lässt sich emotionale Intelligenz messen?

Die Erforschung emotionaler Intelligenz können Sie sich als Baustelle vorstellen, auf der der Rohbau schon steht, jedoch noch einiges zu tun ist. Verschiedene Forschergruppen weltweit arbeiten daran, wie man emotionale Intelligenz genau erfassen, von anderen menschlichen Kompetenzen abgrenzen und gezielt fördern kann. Das erfordert aufwändige Untersuchungen an vielen Hunderten von Menschen, um wissenschaftlich gültige Aussagen treffen zu können.

Allein die Frage, wie man emotionale Intelligenz erfassen und „messen" kann, erweist sich als schwierig. Testverfahren zur Erfassung von mathematisch-logischer Intelligenz sind vergleichsweise einfach, denn sie sind ergebnisbezogen: Aufgabe – Lösung. Die Wahrnehmung von Emotionen spielt sich jedoch innerlich, also im einzelnen Individuum ab. Für ein komplexes Problem mit emotionalem Gehalt gibt es keine „richtige" Lösung. Wie soll man also emotionale Intelligenz beschreiben, messen, auswerten?

Einzelne Bausteine als feste Größen

Bei aller Verschiedenheit der Forschungsansätze gibt es doch eine Schnittmenge von Bausteinen, die als feste Bestandteile emotionaler Intelligenz angesehen werden können. Das Testverfahren des Psychologen Prof. Heiner Rindermann zur emotionalen Kompetenz, das 2007 publiziert wird, beruht auf diesen Bausteinen. Rindermann definiert emotionale Kompetenz als ein multidimensionales Phänomen. Sie umfasst die „Fähigkeit zum Erkennen und Ausdrücken von Emotionen sowie zu einem angemessenen Umgang mit ihnen". Dabei lassen sich den umfangreichen Testverfahren seiner psychologischen Forschungsgruppe zufolge mehrere Dimensionen nachweisen und unterscheiden.

Bausteine emotionaler Kompetenz

Die eigenen Gefühle beeinflussen und regulieren können	Die Gefühle anderer erkennen und verstehen
Die eigenen Gefühle erkennen und verstehen	Expressivität: Gefühle erleben und ausdrücken können

⇧

Die Einstellungen zu Gefühlen beeinflussen die Nutzung emotionaler Kompetenzen und das Verhalten in emotionalen Situationen.

Baustein 1: Die eigenen Gefühle erkennen und verstehen

Sie wissen nun schon, wie eng Gefühle mit körperlichen Prozessen verbunden sind. Ein Reiz – also etwas, das Sie sehen, hören, lesen, denken – wird von den Teilen Ihres Gehirns, die für die Verarbeitung von emotional behafteten Reizen zuständig sind, als relevant erkannt. Entsprechende körperliche Reaktionsmuster werden ausgelöst. Parallel dazu werden Informationen an die kognitive Bewertungsinstanz Ihres Gehirns gesandt, die gegebenenfalls wieder Entwarnung gibt oder die Emotion sogar verstärkt.

Diese Prozesse laufen in Bruchteilen von Sekunden ab. Ob und ab wann ein Mensch wahrnimmt, was sich in seinem Inneren abspielt, ist sehr unterschiedlich. Nicht jeder erkennt und versteht gleichermaßen, was in ihm vorgeht. Insofern ist dieser Baustein die Basiskompetenz bei der Einschätzung emotionaler Intelligenz.

Schlüsselkompetenz emotionale Bewusstheit

Sind Menschen in der Lage, ihre Emotionen schon in einem frühen Stadium differenziert wahrzunehmen, so spricht man von emotionaler Bewusstheit oder emotionaler Klarheit. Sie gilt als Schlüsselkompetenz für alle weiteren Aspekte emotionaler Intelligenz. Jemand, der die eigenen Gefühle nicht oder erst sehr spät wahrnimmt, ist nicht in der Lage, sie als Erkenntnishilfe zur Einschätzung einer Situation zu nutzen.

Auch für die Regulation der eigenen Gefühle ist das Erkennen und Verstehen eine notwendige Voraussetzung. Ihrem Bewusstsein nicht zugängliche Emotionen entfalten auch ihre Wirkung und nehmen Einfluss auf Ihr Handeln, was sich jedoch Ihrer Einflussmöglichkeit entzieht. Das ist in existenziellen Notlagen, die eine schnelle Reaktion erfordern, sinnvoll. Wenn Sie jedoch berufliche Aufgabenstellungen zu bewältigen haben, geht es in den seltensten Fällen um existenzielle Gefahren, die Reaktionen in Sekundenschnelle erfordern. Bei Problemlösungen ist emotionale Bewusstheit ein klarer Vorteil. Sie hilft Ihnen, Ihr emotional abgespeichertes Erfahrungswissen für die anstehende Aufgabenstellung nutzbar zu machen und – wenn nötig – Ihre Gefühle zu regulieren.

> Das rechtzeitige Erkennen und Verstehen der eigenen Emotionen ist die Basiskompetenz für den situationsangemessenen Umgang mit den eigenen Gefühlen. Diese Fähigkeit ist gleichzeitig die Grundvoraussetzung für alle weiteren Bausteine der emotionalen Intelligenz.

Beispiel: Provokation

Herr Franz muss einen Kunden dazu bringen, noch ausstehende Dokumente nachzureichen. Der Kunde reagiert mit Vorwürfen, weil Herr Franz vorher versäumt habe, ihn davon zu unterrichten. In Herrn Franz steigt Ärger auf. Diagnostiziert er ihn nicht – wie es viele Menschen in solchen Situationen tun –, so ist er ihm ausgeliefert, und der Ärger wird den weiteren Verlauf des Gesprächs bestimmen. Herr Franz wird einen Streit darüber beginnen, wer wem wann Bescheid gesagt hat etc. Dieser Streit wird ihn von seinem eigentlichen Ziel, die notwendigen Dokumente rechtzeitig zu bekommen, immer weiter entfernen.

Ist Herr Franz jedoch emotional klar, so wird er schon bei der ersten Provokation sein Ärgergefühl wahrnehmen und überlegen, ob er ihm nachgeben möchte. Hier ist der Denkprozess in Kooperation mit den eigenen Gefühlen erwünscht. Er kann – hat er den Ärger als solchen erkannt – ihm nachgeben und den Streit suchen oder aber den Ärger eindämmen. Er kann sich entschließen, auf die Provokationen nicht einzugehen und sich ausschließlich auf sein Gesprächsziel zu konzentrieren: nämlich die Herbeischaffung der Dokumente.

Manche Gesprächspartner provozieren absichtlich, um andere Menschen zu verärgern und sie so von ihrem Ziel abzubringen. Dies gelingt nur bei emotional weniger bewussten Menschen, also solchen, die ihre Gefühle nicht oder zu spät wahrnehmen und ihnen somit stärker ausgeliefert sind.

Stufen der emotionalen Bewusstheit

Man kann verschiedene Stufen der emotionalen Bewusstheit unterscheiden, die fließend ineinander übergehen: Von einem Nichts-Empfinden über die Wahrnehmung körperlicher Veränderungen und ein dumpfes, nicht benennbares Gefühl bis hin zu einem klar erkannten und verbalisierbaren Gefühl. Eine hohe Stufe der Bewusstheit ist nicht nur das Wahrnehmen und Beschreibenkönnen des Gefühls, sondern auch die Klarheit über die mögliche Ursache und den Kontext.

Stufen der emotionalen Bewusstheit

hoch

Kausalität: Die Gründe für das Entstehen der eigenen Gefühle sind bewusst und können ausgedrückt werden
Klar wahrgenommene Gefühle, die auch differenziert beschrieben werden können
SPRACHBARRIERE
Rudimentäre Wahrnehmung (Ahnung von einem Gefühl, nicht klar zuzuordnen/zu benennen)
Körperliches Empfinden (z. B. Hitze, Erregung)
Gefühlsblindheit/Alexithymie

gering

Ein Sonderfall: Nicht(s) fühlen können

Als alexithym – „gefühlsblind„ – bezeichnet man Menschen, die keinen Zugang zu ihren Gefühlen haben. Bei Ereignissen, die normalerweise starke Emotionen auslösen, bleiben sie unbewegt: Sie empfinden einfach nichts, denn sie erkennen und verstehen ihre eigenen Gefühle nicht. Somit bleiben ihnen auch die Gefühle anderer Menschen verschlossen.

Das Fehlen von Gefühlen scheint die Neigung zu Krankheiten und psychischen Störungen zu begünstigen, führt häufig zu Störungen im sozialen Umfeld der Betroffenen und belastet private Beziehungen ebenso wie berufliche. Als Ursache wird – wenn keine hirnorganischen Störungen vorliegen – eine unvollständige kognitiv-emotionale Entwicklung im Kindesalter angenommen. Aber auch Erwachsene können durch traumatischen Stress alexithyme Symptome entwickeln.

Klarheit löst Probleme

Salovey konnte bei seinen Studien feststellen, dass Menschen mit großer emotionaler Klarheit besser in der Lage sind, Stresssituationen zu bewältigen, als Menschen mit niedriger Klarheitsdisposition. Sie zeigen auch in schwierigen Situationen eine bessere Leistung und kommen schneller wieder in eine emotionale Balance. Interessant ist, dass sie auch in Situationen, die sie persönlich als stressig und schwierig erleben, weniger Stresshormone im Speichel haben als Menschen mit geringer emotionaler Klarheit in gleicher Lage.

Das Wissen um die eigenen Gefühle und ihre Ursache scheint ihre Wirkung zu entschärfen: Bei Studien an der Universität

Kassel über die Lösung komplexer Probleme zeigten Menschen mit großer emotionaler Klarheit in Stresssituationen eine stärkere Selbstsicherheit und eine geringere Neigung zu resignieren. Wesentlich für die Weiterentwicklung der emotionalen Kompetenz ist also die Verbesserung der Wahrnehmung und des Verstehens der eigenen Gefühle. Sie hilft bei der Bewältigung schwieriger Situationen und wirkt sich positiv auf Leistung und Gesundheit aus.

Checkliste: Die eigenen Gefühle erkennen und verstehen

Kompetenz gut entwickelt	Kompetenz ausbaufähig
▪ Weiß meistens, wie er/sie sich gerade fühlt.	▪ Weiß oft nicht, wie er/sie sich fühlt.
▪ Ist aufmerksam für körperliche Veränderungen. Erkennt den Zusammenhang mit Gefühlen.	▪ Nimmt körperliche Veränderungen wahr, weiß sie aber nicht zu deuten.
▪ Bemerkt Gefühle bereits im Anfangsstadium.	▪ Bemerkt Gefühle erst, wenn sie sehr stark sind.
▪ Versteht meist, worauf seine/ihre Stimmungsveränderung zurückgeht	▪ Hat öfter Stimmungsschwankungen, ohne zu verstehen, warum.
▪ Kann Zusammenhänge zwischen Ereignissen/eigenen Gefühlen erkennen.	▪ Nimmt Gefühle wahr, kennt aber oft ihre Ursache nicht.

Kompetenz gut entwickelt	Kompetenz ausbaufähig
▪ Kann sein Empfinden in Worte fassen.	▪ Kann eigenes Empfinden nicht beschreiben.
▪ Erkennt Gefühle, bevor sie psychosomatische Beschwerden auslösen.	▪ Empfindet anstelle von Gefühlen eher körperliches Unwohlsein, Schmerzen o. Ä.

Baustein 2: Die eigenen Gefühle beeinflussen und regulieren können

Das Zusammenleben von Menschen in einer Gesellschaft erfordert, dass jeder Einzelne lernt, sein Verhalten an die Erfordernisse seiner Umwelt anzupassen. Ein Mensch, der mit anderen zusammenlebt und -arbeitet, ist dadurch gezwungen, eine Balance zu finden zwischen den eigenen Bedürfnissen und den Ansprüchen, Regeln und Erwartungen der Gesellschaft. Dieser Lernprozess, den man auch Enkulturation nennt, dauert viele Jahre. Ein wichtiger Bestandteil dieses Prozesses ist der Umgang mit Emotionen.

Umgang mit den eigenen Gefühlen

Wie gehe ich mit Wut, Frustration, Enttäuschung um? Wie stark lasse ich mich von Sympathie bzw. Antipathie leiten? In welchem Maß und in welcher Form zeige ich Gefühle? Wie drücke ich Liebe aus? All dies wird gelernt. Es geht bei diesem Baustein der emotionalen Intelligenz also um die Frage, wie Sie mit Ihren Gefühlen umgehen, wie stark Sie ihnen ausgeliefert sind bzw. welche Möglichkeit Sie haben, auf Ihre Gefühle und die Form ihres Ausdrucks Einfluss zu nehmen.

Beispiel: Umgang mit Wut

Die zweijährige Lisa möchte an der Kasse ein Überraschungsei. Ihre Mutter will es nicht kaufen. Lisa drückt ihre Wut und Enttäuschung nun sehr drastisch aus, wirft sich auf den Boden, schreit und boxt ihre Mutter. Als Achtjährige wird sie vielleicht eine abfällige Bemerkung machen, böse gucken und heimlich gegen etwas treten, wenn sie ihren Willen nicht bekommt. Mit 14 wird sie wahrscheinlich argumentieren, z. B. warum es nicht gerecht ist, dass der Vater sein Geld für Zigaretten und Motorradzeitschriften ausgibt, sie aber nichts bekommt.

Lisa entwickelt also in den verschiedenen Entwicklungsphasen unterschiedliche Strategien, mit ihrer Enttäuschung und Wut umzugehen. So bleibt es ihr erspart, sich im Alter von 30 Jahren auf den Boden werfen oder ihren Chef boxen zu müssen, wenn sie in ihrem Unternehmen nicht die erhoffte Beförderung erhält. Stattdessen kann sie die mit Wut einhergehende Energie nutzen, sich zu überlegen, wie sie auf anderem Weg zu ihrem Ziel kommt, und entsprechende Maßnahmen ergreifen – vorausgesetzt, sie hat gelernt, sich von Enttäuschungen nicht so sehr frustrieren zu lassen, dass sie jede weitere Bemühung einstellt.

Ungeeignete Erziehungsstrategien

Da wir den Umgang mit Gefühlen vor allem im Kontakt mit anderen, also durch Vorbilder, lernen, hängt unsere Kompetenz in diesem Feld auch von unseren Lernmöglichkeiten ab. Schlechte Karten haben Kinder, deren Gefühle regelmäßig ignoriert oder bagatellisiert wurden bzw. denen der Ausdruck bestimmter Gefühle nicht gestattet wurde. Sie haben kaum Möglichkeiten, geeignete Strategien für den Umgang mit ihren Gefühlen zu lernen. Sie verinnerlichen die Strategie des Ignorierens und Verdrängens, sind ihren Gefühlen jedoch umso hilfloser ausgeliefert, wenn sie ein Maß erreicht haben, in dem sie nicht mehr zu verdrängen sind.

Probleme bekommen aber auch Kinder, die ihre Gefühle hemmungslos ausleben können (z. B. durch Schreien, Drohen, Zerstören, Schlagen), ohne eingrenzende Reaktionen und Alternativen für ihr Verhalten zu erfahren. Auch sie erlernen keine konstruktiven und sozial verträglichen Wege für den Umgang mit ihren Gefühlen.

Gewalt infolge nicht regulierter Gefühle

Die Neigung, bei Frustration und Ärger mit Gewalt zu reagieren, ist ein deutliches Zeichen für eine nicht gelungene Entwicklung im Umgang mit Gefühlen. Gewalttätige Menschen haben in der Regel nicht gelernt, ihre eigenen Gefühle frühzeitig wahrzunehmen und zu identifizieren. Sie können sich nicht angemessen ausdrücken und greifen auf ein archaisches Mittel der Bewältigung von Frustration und Wut zurück. Dabei zeigt sich immer wieder, dass gewalttätige Menschen in ihrer Kindheit selbst Opfer von Gewalt waren. Sie haben offensichtlich falsche Strategien im Umgang mit konflikthaften Situationen erlernt.

Gefühle ausleben oder regulieren?

Weit verbreitet ist die Vorstellung, dass es gut tue, auch negativ erlebte Gefühle wie beispielsweise Wut offen auszuleben, zum Beispiel durch Schimpfen und Herumbrüllen. Manche Menschen glauben, dass ihnen ein Wutanfall Erleichterung und Entspannung verschafft. Diese Vorstellung konnte man wissenschaftlich nie belegen. Im Gegenteil.

Ärger ist Gift

Man hat festgestellt, dass Menschen, die negativen Gefühlen wie Ärger und Wut freien Lauf lassen, sich schlechter davon erholen. Oft führt das dazu, dass man sich in das jeweilige Gefühl noch weiter hineinsteigert. Sich seinem Ärger oder seiner Wut hinzugeben bedeutet, Öl ins Feuer zu gießen. Die körperlichen Begleiterscheinungen wie erhöhter Puls und Blutdruck, starke Durchblutung der Muskulatur sowie biochemische Veränderungen (z. B. die Ausschüttung von Noradrenalin) werden verstärkt, die Fähigkeit zu logischem, vernünftigem Denken ist stark eingeschränkt. Das Handeln wird vom Gefühl bestimmt.

> Es dauert mehrere Stunden, bis der Körper nach einem Wutanfall die ausgeschütteten biochemischen Substanzen wieder abgebaut und den Normalzustand wiederhergestellt hat.

Die im Körper nachwirkenden „Ärgersubstanzen" verleiten dazu, dass man sich schneller über andere ärgerliche Dinge aufregt – Vorkommnisse, die man sonst vielleicht mit einem Lächeln oder einem kleinen Kommentar abgetan hätte, jetzt aber zu erneutem Ärger führen. Es ist gut möglich, dass mit einer Ärgerattacke am frühen Morgen der restliche Tag gelaufen ist. Somit nutzt das ungehemmte Ausleben negativer Gefühle weder demjenigen, der es zulässt, noch den Menschen, die seine schlechte Laune ertragen müssen.

Ärger herunterschlucken?

Natürlich ist es keine Alternative, Ärgergefühle herunterzuschlucken. Sie würden Ihnen nur buchstäblich auf den Magen schlagen. Die Gewohnheit, Gefühle zu unterdrücken, führt tatsächlich häufig zu psychosomatischen Beschwerden. Zwischen freiem Ausleben und Hinunterschlucken haben Sie jedoch noch die Alternative, Ihren Ärger wahrzunehmen und zu regulieren, also auf Ihr Gefühl Einfluss zu nehmen. Gelingt Ihnen das, können Sie in einem frühen Stadium des Gefühls entscheiden, wie Sie damit umgehen wollen. So können Sie selbst steuern, ob Sie die nächsten Stunden mit einem erhöhten Stresshormonspiegel im Blut herumlaufen oder lieber Ihren Ärger allgemeinverträglicher bewältigen möchten.

Einfluss auf die Produktivität

Körperliche Gewalt spielt im Job zumeist eine untergeordnete Rolle. Trotzdem ist der Umgang mit Menschen, die Schwierigkeiten mit der Verarbeitung und Regulation ihrer Gefühle haben, auch im beruflichen Umfeld schwierig und hat Auswirkungen auf die Produktivität eines Teams.

Beispiel: Die lieben Kollegen

Ein cholerischer Vorgesetzter verbreitet Angst und Schrecken, steigert damit aber nicht die Produktivität seines Teams. Seine Mitarbeiter versuchen konsequent, ihn von Problemen fernzuhalten, weil sie statt einer Lösungshilfe nur unproduktive Ärgerausbrüche von ihm erwarten.

Eine empfindliche Mitarbeiterin, die schon von der leisesten Kritik tief getroffen ist und den Rest des Tages (oder der Woche) still und frustriert vor sich hinarbeitet, belastet die Atmosphäre in einem Team. Auch ein offener Austausch über Sachfragen mit ihr ist schwierig, weil die Kollegen bei Meinungsverschiedenheiten immer befürchten müssen, dass sie sich beleidigt zurückzieht.

Ein von Versagensängsten geplagter Mitarbeiter, der sich anderen nicht mitteilen kann, verbraucht einen großen Teil seiner Energie damit, verantwortungsvolle Aufgaben von sich fernzuhalten, nicht negativ aufzufallen und die Angst auslösenden Situationen zu vermeiden. Angst bindet Energien und hemmt Kreativität und Eigenverantwortung.

Die Liste von hilflosem, nicht kompetentem Umgang mit den eigenen Gefühlen im Job ließe sich beliebig verlängern. All diesen Fällen gemeinsam ist die Unfähigkeit, die eigenen Gefühle in einem frühen Stadium wahrzunehmen und zu regulieren, also eine geeignete, konstruktive Forme des Umgangs mit ihnen zu finden. Dies mindert die Leistungsfähigkeit und das Wohlbefinden – sowohl beim Einzelnen als auch im gesamten Team. Deshalb ist die Kompetenz, auf die eigenen Gefühle Einfluss zu nehmen, auch ein Produktivitätsfaktor.

Emotionales Coaching im Leistungssport

Im Sport hat sich mittlerweile herumgesprochen, dass Höchstleistungen nicht allein auf körperlich-motorischen Fähigkeiten beruhen. Vor allem die emotionale Stabilität – auch in schwierigen Situationen – ist ein wesentlicher Faktor für das erfolgreiche Abschneiden in Wettkämpfen. Wer Angst hat zu verlieren, nach einem Fehler oder Fehlversuch zu nervös wird – also seine Verunsicherung nicht in den Griff bekommt –, hat keine Chance zu gewinnen. Negative Gefühle und Gedanken blockieren ihn.

Deshalb lernen Hochleistungssportler von psychologischen Trainern, ihre Gedanken und Gefühle so zu steuern, dass sie sie im Hinblick auf ihr Ziel optimal unterstützen. Da jeder Sportler anders gestrickt ist, müssen die Wege zur emotionalen Stabilisierung genau auf die jeweilige Person abgestimmt sein. Fußballtrainer arbeiten daher nicht nur mit der ganzen Mannschaft, sondern mit jedem einzelnen Spieler.

Seelische Gesundheit

Den Forschungsergebnissen von Prof. Rindermann zufolge gibt es einen deutlich nachweisbaren Zusammenhang zwischen der Fähigkeit, die eigenen Gefühle zu regulieren, und seelischer Gesundheit. Personen, die ihre eigenen Gefühle regulieren können, seien weniger aufgeregt, gestresst, depressiv und krank. Von der Weiterentwicklung emotionaler Kompetenz profitiert folglich nicht nur das soziale Umfeld, sondern vor allem auch das Individuum.

Checkliste: Die eigenen Gefühle beeinflussen und regulieren können

Kompetenz gut entwickelt	Kompetenz ausbaufähig
▪ Erkennt Gefühle in ihrer Anfangsphase und kann sie modifizieren.	▪ Ist den eigenen Gefühlen ausgeliefert, die das Verhalten stark bestimmen.
▪ Kann sich in schwierigen Situationen beruhigen.	▪ Kann Nervosität/Angst nicht allein reduzieren.
▪ Kann Ärger/Wut gut kontrollieren.	▪ Ist Wut/Ärger und den Folgen ausgeliefert.
▪ Kann sich nach Aufregung selbst wieder in emotionale Balance bringen.	▪ Heftige Gefühle wirken lange nach. Hat Schwierigkeiten, wieder ins Gleichgewicht zu kommen
▪ Steigert sich nicht in negative Gefühle hinein, sondern kann sie loslassen.	▪ Kann lange (auch durch Gedanken) in den eigenen negativen Gefühlen gefangen sein.
▪ Fällt nicht auf gezielte Provokationen herein.	▪ Reagiert bei Ärger spontan und schnell.
▪ Findet produktive Wege zur Reduzierung von Ängsten.	▪ Meidet Angst auslösende Situationen, statt sie aktiv zu bewältigen.
▪ Kann die eigene Stimmung verbessern.	▪ Ist schlechten Stimmungen ausgeliefert.
▪ Weiß, wie er/sie sich selbst motivieren kann.	▪ Sieht Motivation als etwas, das da ist oder nicht.

Baustein 3: Expressivität – Gefühle erleben und ausdrücken können

Gefühle erleben und ausdrücken zu können scheint eng mit körperlicher und psychischer Gesundheit zusammenzuhängen. Von dieser Fähigkeit profitieren Sie also unmittelbar selbst. Andererseits hat diese Kompetenz auch große soziale Bedeutung. Der Ausdruck von Gefühlen gibt anderen Hinweise, die ihr Verhalten Ihnen gegenüber beeinflussen. Viele Emotionen sind sozialer Art. So kann der jeweilige Emotionsausdruck in erheblichem Maße zur Gestaltung der Beziehung beitragen. Der Spruch „Ihr Lächeln wird erwidert", der über manchen Ladentheken hängt, meint genau das: Viele Menschen reagieren auf den Ausdruck von Gefühlen bei anderen unmittelbar, er hat eine Wirkung auf sie – oft auch unbewusst.

Der angemessene Ausdruck

Gefühle ausdrücken heißt nicht, ihnen völlig freien Lauf zu lassen oder immer und überall offen zu sagen, was man fühlt. Der Rahmen ist gesteckt durch soziale Regeln des Umgangs, die ein friedliches Zusammenleben ermöglichen sollen (siehe Display Rules, Seite 22). Wenn beispielsweise ein Lehrer keine Lust hat, seine Klasse zu unterrichten, und ihr das auch sagt, ist das zwar ein authentischer Ausdruck seines Gefühls, aber er verletzt damit die Normen seines Berufsstandes. Ein emotional kompetenter Lehrer würde eher versuchen, auf sein Gefühl der Unlust rechtzeitig Einfluss zu nehmen. Er würde geeignete Maßnahmen ergreifen, um sich selbst zu motivieren und einen guten Unterricht zu halten. Innerhalb der Normen ist jedoch ein klarer Ausdruck von Gefühlen eine wichtige Orientierungshilfe für den Umgang miteinander.

Beispiel: Ärger über die Kollegin

Frau Wagner tritt als Vertreterin für ihre Fachabteilung bei abteilungsübergreifenden Meetings auf. Wenn es dort um die Verteilung von Aufgaben geht, übernimmt sie großzügig Aufgaben für die eigene Abteilung und gibt als Verantwortliche oft ihre Kollegin Menzel an. Dass ihre Kollegin einfach über sie und ihre Zeit verfügt, ohne mit ihr Rücksprache zu halten, ärgert Frau Menzel verständlicherweise. Sie nimmt sich vor, zur Kollegin Wagner zu gehen und ihr deutlich zu machen, dass das nicht geht. Der Ärger hilft ihr, die nötige Entschlossenheit zu entwickeln, den Konflikt mit ihrer selbstbewussten Kollegin auszutragen. An diesem Ärger der sonst eher ruhigen Kollegin erkennt Frau Wagner, dass sie eine Grenze überschritten hat und in Zukunft besser aufpassen muss, wenn sie Zusagen für andere macht.

Gefühle können in so vielen Nuancen auftreten, dass es keine klare Zuordnung von Ausdruck und Wirkung auf andere gibt. Das Signalsystem von Menschen ist komplexer als eine Ampel, bei der klar ist, dass Rot „Halt" bedeutet und Grün „Fahren". Trotzdem kann man durchaus Tendenzen in der Signalwirkung von Gefühlen auf andere Menschen feststellen, wie die folgenden Beispiele zeigen:

- Ärger zeigt Grenzen auf: „Bis hierher und nicht weiter"; signalisiert auch die Bereitschaft, für eine Sache zu kämpfen
- Traurigkeit macht deutlich, dass jemand verletzt ist. Appell: „Behandle mich schonend", „Geh vorsichtig mit mir um", „Hilf mir" oder auch „Lass mich in Ruhe".

- Angst wirkt oft wie eine Unterwerfungsgeste, kann aggressionsmindernd sein: „Tu mir nichts!"
- Freude ist ein beziehungsförderndes, motivierendes Signal: „Ich finde dich/die Situation/das Ergebnis gut."
- Überraschung zeigt volle Aufmerksamkeit an, hoch konzentrierte Aufnahme des Neuen: „Das ist neu für mich."
- Abscheu ist ein starkes Zeichen der Ablehnung: „Das ist völlig inakzeptabel für mich."
- Interesse signalisiert die Zuwendung zu einer Person/Sache, wirkt beziehungsfördernd: „Ich bin ganz bei der Sache, erzähl!"

Gefühle verbalisieren

Gefühle können wir auf verschiedene Weise zeigen: indem wir sie verbalisieren (also in Worte fassen, was wir empfinden) oder nonverbal über Mimik, Gestik, Körperhaltung, Stimme und Sprechweise zum Ausdruck bringen.

Nicht alle Menschen können aus nonverbalen Signalen ersehen, wie sich jemand fühlt. Vor allem kann man von nonverbalen Signalen nicht immer auf die Ursache und Ausprägung des Gefühls schließen. Man bekommt nur einen undifferenzierten Eindruck von der Grundstimmung. Deshalb ist es im sozialen Miteinander eine große Hilfe, wenn Sie in der Lage sind, die eigenen Empfindungen in Worte zu fassen.

Gerade wenn das Verhalten eines anderen bei Ihnen negative Gefühle auslöst, ist es wichtig, ihm das deutlich zu machen. Andernfalls wird er dasselbe immer wieder tun, weil er ja gar nicht weiß, dass sein Verhalten Sie stört, ärgert oder verletzt. Entsprechend motiviert die Rückmeldung positiver Gefühle andere, das angenehme Verhalten zu wiederholen. Der Ausdruck von Gefühlen wirkt so als Orientierungshilfe. Da wir in Worten Gefühle differenzierter ausdrücken können, sind sie in solchen Fällen das Mittel der Wahl.

Im täglichen Umgang miteinander sind wir bei der Darstellung von differenzierten Gefühlen auf die Mittel der Sprache angewiesen. Deshalb ist die Fähigkeit, die eigenen Gefühle auf angemessene Weise in Worte zu fassen, wesentlich für emotionale Intelligenz.

Beispiel: Ausrasten oder reden?

Dass Frau Wagner in Zukunft mehr Rücksicht auf Frau Menzel nehmen wird, hat auch mit der Art zu tun, wie die Kollegin mit ihrem Ärger umgegangen ist. Sie rief nicht empört: „Was fällt dir ein, Termine für mich zu machen, ohne mich zu fragen? Das ist eine Unverschämtheit. Du wälzt Arbeiten immer auf andere ab, weil du zu faul bist, es selbst zu machen ..." Frau Wagner hätte unter diesen Umständen auch gemerkt, dass Frau Menzel sich ärgert. Aber Beschimpfungen und Vorwürfe hätten eine tragfähige Vereinbarung für die Zukunft deutlich erschwert, die Arbeitsbeziehung insgesamt belastet und zu weiteren Problemen geführt.

Stattdessen ging Frau Menzel nicht in der akuten Erregung zu ihrer Kollegin, sondern erst einen Tag später. Sie hatte ein Ziel (eine Absprache, wie es zukünftig laufen sollte) vor Augen und arbeitete darauf hin: „Karin, ich möchte mir dir über die Aufgabenverteilung bei den Meetings sprechen. Es ist jetzt schon zweimal passiert, dass du terminliche Zusagen für mich gemacht hast, von denen ich nichts wusste. Du hast mich als Verantwortliche angegeben, ohne mit mir Rücksprache zu halten. Das finde ich sehr ärgerlich. Ich habe einen Plan, was ich wann erledige, um die Deadline für unser Projekt einhalten zu können, und du halst mir Verpflichtungen auf, ohne mich zu fragen. Das kann ich so nicht akzeptieren ..." Ihr Ärger wird deutlich spürbar, ebenso wie die Entschlossenheit, das in Zukunft nicht mehr zu akzeptieren, aber der Weg für eine Lösung ist offen. Frau Wagner wird nicht als Person angegriffen, sondern die Verärgerung über den Sachverhalt steht im Mittelpunkt. Der Weg für die Bereinigung der Fehler aus der Vergangenheit und eine Vereinbarung für die Zukunft ist frei.

Gefühle nonverbal ausdrücken

Auch wenn Worte Gefühle differenzierter ausdrücken können, sind doch auch die nonverbalen Ausdruckskanäle unentbehrlich für die Kommunikation. Am Zusammenspiel zwischen Sprache und nonverbalen Signalen kann Ihr Gegenüber erkennen, ob es stimmig ist, was Sie da signalisieren. Entstehen Zweifel an dieser Stimmigkeit, zählen Ihre Worte nicht mehr viel. Die Gesamtwirkung Ihrer Person wird maßgeblich von dem mitbestimmt, was Ihre Gesprächspartner an Ihnen wahrnehmen. So geben Sie im Zusammenspiel von Körperhaltung, Gestik, Mimik, Stimme und Sprechweise zahlreiche Hinweise, die ergänzend oder kontrastierend zu Ihren Worten wahrgenommen werden. Die nonverbalen Signale markieren zum Beispiel die Relevanz dessen, was Sie sagen, und zeigen,

- wie interessiert/gelangweilt Sie sind;
- wie wichtig/unwichtig Ihnen etwas ist;
- wie positiv/gleichgültig/negativ Sie einer Sache gegenüberstehen;
- wie sicher/unsicher Sie sich fühlen;
- wie Ihre Haltung gegenüber anderen ist (freundschaftlich, arrogant, unterwürfig, unbestimmt, locker, formell);
- wie sehr Sie sich für etwas engagieren.

Gerade auch sehr viele positive, beziehungsfördernde Botschaften wie Interesse, Freundlichkeit, Engagement werden nonverbal ausgedrückt. Unterbleiben diese Signale, schmälert das die Wirkungsmöglichkeit Ihrer Worte und auch die Möglichkeit, mit anderen in einen intensiven, konstruktiven Kontakt zu treten. Ausdrucksarmut im Umgang mit anderen Menschen führt zu Unsicherheit, fördert Missverständnisse und mindert die Wirksamkeit Ihrer Worte. Besonders wenn Ihre Worte etwas bewegen und auslösen sollen, ist der nonverbale Kanal wichtig. Ein ausdrucksloses Gesicht, eine monotone Sprechweise, eine schlaffe Körperhaltung werden die Wirkung der Worte – und seien sie noch so geschliffen – verpuffen lassen.

Die Expressivität Ihres Sprechens ist übrigens – wie die Kommunikation insgesamt – von Ihrer kulturellen und biographischen Herkunft geprägt. Spanierinnen reden im Allgemeinen expressiver als Deutsche. Orientierungspunkt für den Ausdruck – und auch für das Verstandenwerden mit der eigenen Art, Gefühle zu zeigen – ist der eigene Kulturkreis. Wenn Sie jedoch innerhalb Ihres eigenen kulturellen Rahmens Ihre expressiven Möglichkeiten nicht ausschöpfen, vergeben Sie sich kommunikative Chancen – mit den entsprechenden Folgen im sozialen Kontakt.

Beispiel. Wer überzeugt im Meeting?

Sie kennen das. Im Meeting findet eine hitzige Diskussion statt. Manche sagen gar nichts – sie können natürlich auf diesem Weg keinen Einfluss auf die anstehende Entscheidung nehmen. Andere sagen etwas, aber keiner geht darauf ein. Es ist so, als hätten sie gar nichts gesagt. Andere finden mit dem, was sie sagen und wie sie es sagen, Gehör. Dafür kann es viele Gründe geben, u. a. die Macht, die jemand in einem Unternehmen durch seine Position, Fachkompetenz oder das Vertrauen der anderen hat. Natürlich zählt auch die Qualität und Relevanz der vorgetragenen Argumente und die Fähigkeit, die anderen damit zu erreichen. Aber nur selten setzen sich Menschen durch, die monoton, leise und ausdrucksarm für ihre Position eintreten. Oft auch dann nicht, wenn sie die besseren Argumente hatten. Um Gehör und Aufnahme für die eigenen Ideen bei anderen zu finden, ist die Fähigkeit, Worte mit dem entsprechenden emotionalen Ausdruck zu begleiten, also Expressivität, ein wichtiger Faktor.

Facial Feedback

Man hat in verschiedenen Studien festgestellt, dass der Gesichtsausdruck eine Rückwirkung auf das eigene Emotionserleben haben kann. Setzt ein neutral oder sogar gut gelaunter Mensch längere Zeit einen mürrischen Gesichtsausdruck auf, verschlechtert sich seine Stimmung. Demnach wirkt also nicht nur das Gefühl auf den Gesichtsausdruck, sondern auch umgekehrt der Gesichtsausdruck auf das Gefühlserleben zurück. Dieses Phänomen nennt man „Facial Feedback".

Wird jemand durch Erziehung oder eine soziale Rolle genötigt, die eigenen Gefühle oder ein bestimmtes Gefühl nach außen hin zu maskieren (siehe Display Rules, Seite 22), kann das nach einiger Zeit dazu führen, dass er tatsächlich weniger empfindet. Menschen, die nach außen hin regungs- und ausdrucksarm sind, erleben Gefühle weniger intensiv und können das Fühlen regelrecht „verlernen". Heute geht man sogar davon aus, dass Defizite im Gefühlsausdruck psychische und psychosomatische Krankheiten begünstigen können. Anders ausgedrückt: Ein Pokerface ist auf Dauer ungesund.

Checkliste: Expressivität – Gefühle erleben und ausdrücken können

Kompetenz gut entwickelt	Kompetenz ausbaufähig
▪ Kann Gefühle zulassen und zeigen.	▪ Kann Gefühle nicht/kaum zulassen und zeigen.
▪ Kann eigene Gefühle in Worte fassen und anderen verständlich machen.	▪ Findet keine passenden Worte für die eigenen Gefühle.
▪ Kann mit anderen über eigene Gefühle sprechen.	▪ Spricht nicht über die eigenen Gefühle.
▪ Kann positive, beziehungsfördernde Gefühle zeigen und wirken lassen.	▪ Wirkt oft regungslos oder sogar unfreundlich, mürrisch, ablehnend.
▪ Kann über belastende Dinge und damit verbundene Gefühle sprechen.	▪ Kann sich nicht über belastende Dinge und Gefühle austauschen.
▪ Kann auch negative Gefühle (z. B. Ärger) in angemessener Form zum Ausdruck bringen.	▪ Drückt Gefühle erst in einem fortgeschrittenen Stadium aus, dann aber oft heftig und verletzend.

Kompetenz gut entwickelt	Kompetenz ausbaufähig
▪ Erlebt es als hilfreich, Gefühle mitzuteilen.	▪ Hat Angst, die eigenen Gefühle mitzuteilen.
▪ Kann lebendig sprechen und erzählen.	▪ Neigt zu monotonem, nüchternem Sprechen.
▪ Findet meist zu körperlich-seelischer Balance.	▪ Neigt zu psychosomatischen Beschwerden.

Baustein 4: Die Gefühle anderer erkennen und verstehen

Gefühle mit der in ihnen gespeicherten Erfahrung geben einem Menschen Orientierung. Eine andere wichtige Funktion ist ihr Beitrag zur Verständigung zwischen Menschen, also ihre Ausdrucks- und Mitteilungsfunktion. Hinweise über die Gefühle anderer Menschen bekommen wir über verschiedene Wahrnehmungskanäle. Um die Gefühle anderer erkennen und verstehen zu können, reicht eine sensible und genaue Wahrnehmung der Signale anderer Menschen allein jedoch nicht aus. Menschen mit hoher emotionaler Intelligenz sind in der Lage, einen Perspektivenwechsel vorzunehmen, also einen Sachverhalt aus dem Blickwinkel eines anderen zu sehen. Sie können sich annähernd vorstellen, wie die Person in einer solchen Situation empfindet.

Wahrnehmung und Persönlichkeit

Anders als Maschinen, die auf die Messung bestimmter Parameter geeicht sind und entsprechende Daten zuverlässig aufnehmen und auswerten (z. B. Thermometer), ist der Wahrnehmungsapparat des Menschen sehr individuell. Wir lernen bestimmte Dinge wahrzunehmen und auszuwerten, anderes wiederum entgeht unserer Aufmerksamkeit. Entsprechend unterschiedlich ist auch unsere Wahrnehmungsfähigkeit für die Gefühle anderer.

Für Menschen, die Probleme haben, ihre eigenen Gefühle zu identifizieren, ist es schwierig, die Gefühle anderer zu erkennen und zu verstehen. Heftig geäußerte Gefühle wie unbändige Wut, überschäumende Freude oder erschütterte Traurigkeit werden die meisten Menschen richtig zuordnen können. Je schwächer und spezieller die nach außen dringenden Signale jedoch sind, desto sensibler und aufmerksamer für Gefühlsäußerungen muss ein Mensch sein, um die Gefühle des anderen wahrzunehmen. Um zu verstehen, ist zudem Interesse am anderen und entsprechende Erfahrung mit uns selbst und anderen Menschen nötig.

Was uns ängstigt, blenden wir aus

Doch es geht auch ums Zulassen. Gefühle, die wir uns selbst nicht gestatten – bewusst oder unbewusst – oder die uns ängstigen, können wir bei anderen schlecht ertragen und blenden entsprechende Signale einfach aus.

Die Wahrnehmung der Gefühle anderer Menschen findet ihre Grenzen in unserer Persönlichkeit mit ihren spezifischen Erfahrungen und Möglichkeiten. Diese Grenzen sind jedoch veränder- und erweiterbar – vorausgesetzt, man möchte seine Wahrnehmungs- und Verstehensfähigkeit für die Gefühle anderer verbessern.

Körpersprachliche Signale

Ebenso, wie dies Tiere tun, gebrauchen auch Menschen körpersprachliche Ausdrucksformen zur Verständigung. Sprechen ist ohne körperliche Mittel des Ausdrucks nicht möglich. Im Kontakt mit anderen Menschen erhalten wir neben den sprachlichen Äußerungen zahlreiche Signale, die uns helfen, das Gesagte oder auch Verschwiegene einzuordnen und zu verstehen. Circa 30 Muskeln im Gesicht, vor allem um die Augen und den Mund, ermöglichen vielfältige Ausdrucksformen. Minimale Veränderungen geben uns Hinweise darauf, wie jemand sich fühlt, eine Nachricht aufgenommen hat oder zu uns steht. Aber auch die Kopf- und Körperhaltung, Gestik und die Spannungsverhältnisse im Körper teilen uns mit, wie wir unsere Mitmenschen, ihre Worte und die Situation deuten müssen.

Beispiel: Mahlende Kiefer

Beim Kanzlerkandidateninterview im Fernsehen schob der Kandidat S. in der Redepause immer den Kiefer etwas vor und presste seine Zähne aufeinander. In einer solch entscheidenden Interviewsituation versucht ein Kanzlerkandidat gewöhnlich, souverän und vertrauenswürdig zu wirken, um beim Publikum einen positiven Eindruck zu hinterlassen. Doch die Kamera fing in Großaufnahmen unbarmherzig die minimalen, aber deutlich sichtbaren Zeichen allerhöchster Anspannung und mühsam zurückgehaltener Aggression dieses Gesichts ein. Das Muskelspiel der regelmäßig mahlenden Kiefer war deutlich sichtbar. Statt entspannte Souveränität auszustrahlen, erweckte der Kandidat den Eindruck eines unter Hochdruck stehenden Menschen, was wenig vertrauenerweckend wirkte. Sein Konkurrent hingegen lachte, scherzte, flirtete mit der Interviewerin und vertrat seine Thesen mit größter Selbstverständlichkeit und selbstsicherem Habitus. Die körpersprachlichen Signale sind – wenngleich oft unbewusst und ungewollt ausgesandte – Botschaften, die das Publikum wahrnimmt und neben den vertretenen politischen Aussagen in die Entscheidung für oder gegen einen Kandidaten mit einbezieht.

Stehen körpersprachliche Signale im Widerspruch zum Inhalt der Worte – man nennt dies inkongruente Botschaften –, so vertrauen wir mehr auf die Glaubwürdigkeit des körpersprachlichen Ausdrucks als auf das Gesagte.

Beispiel: Nicht stimmige Begrüßung

Herr Kunze betritt das Büro des Kollegen und fragt: „Störe ich?" Herr Stein darauf: „Nein, nein, gut dass Sie da sind, kommen Sie herein." Vom Wortlaut her scheint alles klar, trotzdem hat Herr Kunze ach diesem kurzen Dialog den Eindruck, er sei nicht willkommen und störe. Ausschlaggebend war das nahezu reglose Gesicht Herrn Steins, das nicht zu seinen Worten passen wollte. Wenn man jemanden willkommen heißt, ist das in der Regel mit einem freundlichen Gesichtsausdruck, mit Lächeln und Blickkontakt verbunden. Fehlen diese Signale, so entstehen Unsicherheit und Zweifel, obwohl die Worte eindeutig gegen eine Interpretation des Nichtwillkommenseins seitens Herrn Steins sprechen.

Stimme und Sprechweise

Weitere wichtige Hinweise für Stimmungen und Gefühle anderer Menschen entnehmen wir dem Klang ihrer Stimme und ihrer Sprechweise. Kennen Sie jemanden gut, so reichen Ihnen wahrscheinlich die ersten Worte am Telefon, um zu wissen, dass etwas nicht in Ordnung ist. Klang der Stimme, Sprechspannung, Redetempo, Melodieführung, Pausen – dies sind sehr variable Parameter, die uns Informationen über die Gestimmtheit einer Person geben können. Vor allem sind es Parameter, die ein Mensch nicht komplett kontrollieren kann, auch wenn er vielleicht seine eigenen Gefühle nicht zum Ausdruck bringen möchte. Es gibt gerade im beruflichen Umfeld Menschen, die es darauf angelegt haben, äußerlich regungslos und undurchschaubar für andere zu sein (Maskierung), weil sie sich davon Vorteile versprechen. Trotzdem wird es ihnen nicht gelingen, alle Regungen nach außen hin zu unterdrücken, da Körpersprache und Sprechen nicht hundertprozentig willentlich zu steuern sind.

Interpretationsregeln für nonverbale Signale

Bei der Interpretation des Sprechverhaltens gibt es keine festen Regeln wie „leise = unsicher". Nicht jeder leise sprechende Mensch ist unsicher. Drohungen werden oft in gedämpfter Sprechweise ausgesprochen oder hingezischt. Hier verstärkt das leise Sprechen eher noch den aggressiven Charakter der Aussage. Wir müssen folglich immer alle uns zur Verfügung stehenden Signale auswerten, um zu einem halbwegs tragbaren Schluss auf die Gefühlslage eines anderen zu kommen.

Beispiel: Unsicherheit im Vorstellungsgespräch

Frau Meier muss in einem Vorstellungsgespräch darlegen, warum das Unternehmen gerade sie einstellen sollte. Sie ist auf die Frage nicht vorbereitet und tut sich schwer, ihre Vorteile anzupreisen. Sie spricht leise, ihre Formulierungen kommen zögerlich, sie muss Denkpausen einlegen, am Satzende geht sie mit der Stimme öfter nicht nach unten, sondern bleibt eher fragend in der Schwebe, sie benutzt Wörter wie „vielleicht" und Konjunktive wie „Ich könnte mir vorstellen". Sie schaut ihr Gegenüber meist nicht direkt an, sondern blickt auf ihre fest ineinander verhakten Hände, den Tisch und das gegenüberliegende Fenster.

Ihre Interviewer erhalten also viele Hinweise über den reinen Inhalt der Worte hinaus. Deuten mehrere Anzeichen auf Unsicherheit hin, so kommen sie bewusst oder unbewusst zu dem Eindruck: „Sie glaubt selbst nicht, dass sie es kann" oder „Sie ist inkompetent". Welcher Interpretation ein Interviewer zuneigt und wie treffend seine Einschätzung ist, hängt von seiner eigenen Persönlichkeit, seiner reflektierten Erfahrung und seiner emotionalen Kompetenz ab. Gute Interviewer überprüfen ihre Hypothese bezüglich der Ursache der wahrgenommenen Unsicherheit, um Fehlschlüsse auszuschließen.

Die Perspektive wechseln können

Ihre Kompetenz, die Gefühle anderer zu verstehen, ist deutlich größer, wenn Sie in der Lage sind, sich in die Position eines anderen Menschen hineinzudenken und hineinzufühlen. Sie kennen vielleicht das indianische Sprichwort: „Beurteile niemanden, bevor du nicht zwei Monde lang in seinen Mokassins gegangen bist!" Zwei Monate wird man Ihnen im beruflichen Kontext nicht immer zugestehen. Trotzdem ist das Bemühen, einen Sachverhalt aus der Sicht des anderen zu betrachten, seine Gedanken und Gefühle aus seiner Position heraus verstehen zu wollen, nach wie vor eine sehr hilfreiche Technik im Umgang mit anderen Menschen.

Wie würden Sie sich fühlen?

Ein Schritt auf diesem Weg ist die Antwort auf die Frage: Wie würde ich mich in einer solchen Situation fühlen? Doch gerade wenn Sie es mit einem Menschen zu tun haben, der völlig anders ist als Sie, wird Ihnen diese Frage nur bedingt weiterhelfen. Sie müssten sie folgendermaßen ergänzen: Nach allem, was ich bisher von dieser Person weiß und wie ich sie erlebt habe – wie wird sie sich in dieser Situation fühlen? Welche Wirkung wird das Ereignis, dieser Vorschlag, diese Information auf sie haben? Wie würden sich andere Menschen mit ähnlichem Hintergrund, ähnlicher Sozialisation, ähnlichem Temperament fühlen? Denn je besser es Ihnen gelingt, sich in andere hineinzuversetzen und sie aus ihrer Position heraus zu verstehen, desto eher können Sie passgenaue und tragfähige Lösungen für Probleme finden.

Checkliste: Die Gefühle anderer erkennen und verstehen

Kompetenz gut entwickelt	Kompetenz ausbaufähig
▪ Ist aufmerksam für körperliche Signale und ihre Veränderung.	▪ Achtet kaum auf Regungen des anderen. Konzentriert sich auf Sachfragen.
▪ Kann sich in einen anderen hineinfühlen.	▪ Versteht andere oft nicht.
▪ Weiß, wie er/sie sich selbst in einer vergleichbaren Situation fühlen würde.	▪ Macht sich keine Gedanken darüber, wie jemand sich in einer Situation fühlt.
▪ Kann aus verschiedenen Hinweisen auf das Gefühl des anderen schließen.	▪ Nimmt gefühlsmäßige Signale nicht wahr oder ignoriert sie.

Kompetenz gut entwickelt	Kompetenz ausbaufähig
▪ Kann Hypothesen für die Ursachen eines Gefühls beim anderen entwickeln.	▪ Unverständnis für das Verhalten anderer.
▪ Kann Gefühle von Menschen verstehen, die anders als er/sie selbst sind.	▪ Eher kritischer Blick auf Menschen, die eine Sache anders sehen/erleben als sie selbst. Unverständnis.
▪ Kann aus Formulierungen Hinweise auf Gefühle des anderen entnehmen.	▪ Bezieht sich allein auf Sachthemen. Versteht dadurch manches nicht.

Baustein 5: Die Gefühle anderer beeinflussen und regulieren können

Bei genauerem Hinsehen gehört dieser Baustein nicht zur emotionalen Intelligenz, sondern zum Themenfeld soziale Kompetenz. Die Fähigkeit, mit den Gefühlen anderer Menschen kompetent umzugehen, zielt nämlich direkt auf den aktiven Umgang mit anderen Menschen. Dieser Teilaspekt der sozialen Kompetenz ist allerdings ohne emotionale Kompetenz nicht zu leisten. Man könnte auch sagen, die Fähigkeit, die Gefühle anderer (positiv) zu beeinflussen und zu regulieren, ist eine fortgeschrittene Fähigkeit, der die Bausteine der emotionalen Kompetenz zugrunde liegen.

Voraussetzung für den kompetenten Umgang mit den Gefühlen anderer Menschen ist die Fähigkeit, das eigene Gefühlsleben gut zu kennen und zu managen sowie die Gefühle anderer Menschen sensibel wahrzunehmen, zu verstehen und mögliche Ursachen einzuschätzen.

Gefühle zulassen können

Wichtig für den kompetenten Umgang mit den Gefühlen anderer ist, grundsätzlich zu akzeptieren, dass Menschen auch im beruflichen Kontext Gefühle haben, von ihnen massiv beeinflusst werden und ihnen – je nach ihrer Fähigkeit, sie zu regulieren – auch ein Stück weit ausgeliefert sind. Zudem müssen sie es aushalten können, dass ein anderer Mensch (belastende) Gefühle zeigt. Ein offener, behutsamer Umgang mit diesen Gefühlen sowie die Fähigkeit, gemeinsam mit dem anderen die Ursachen aufzuspüren, hilft, angemessene Lösungen für ein Problem zu finden. Ist jemand nicht in der Lage, sich auch im Berufsleben den Gefühlen anderer zu stellen, wird er Probleme haben, in emotionalen Situationen flexibel zu handeln und Lösungen zu finden.

Beispiel: Tränen beim Mitarbeitergespräch

Frau Kruse ist Abteilungsleiterin. Sie ist fachlich kompetent, sehr zielstrebig, ehrgeizig und belastbar. Von ihrem Team erwartet sie höchsten Einsatz und Leistung. Die Arbeit einer ihrer Mitarbeiterinnen, Frau Sandak, entspricht nicht ihren Erwartungen. Sie sagt ihr offen und direkt, was sie zu bemängeln hat und was sie von ihr in Zukunft erwartet. Frau Sandak kommen im Gespräch die Tränen. Frau Kruse ist völlig perplex und hilflos. Es käme ihr nie in den Sinn, in einem beruflichen Kontext zu weinen, überhaupt kann sie sich nicht erinnern, in den letzten Jahren eine Träne vergossen zu haben. Sie rettet sich auf die Sachebene und betont noch einmal die Berechtigung ihrer Kritik und Forderungen und entlässt Frau Sandak mit dem Hinweis, sie solle sich beruhigen und ihr Verhalten ändern.

Unfähig, mit dem Gefühl der anderen umzugehen, ist sie nicht in der Lage, herauszufinden, was Frau Sandak so trifft. Vielleicht findet sie die Kritik ungerecht, vielleicht fühlt sie sich von den Ansprüchen ihrer Chefin überfordert, vielleicht hat sie private Probleme, und dieses Gespräch hat das Fass zum Überlaufen gebracht. Vielleicht sieht sie die Kritik ein, ist aber geschockt, dass nur über Negatives geredet wurde, ihre Leistungen jedoch nicht gesehen und anerkannt werden. Je nach Diagnose hätten die Maßnahmen zur Verbesserung der Situation im Allgemeinen und der Leistung von Frau Sandak im Besonderen andere sein müssen. Da aber Frau Kruse mit der Emotion ihrer Mitarbeiterin nicht umgehen kann, erfährt sie nichts über die Hintergründe und ist auch nicht in der Lage, mit ihr passgerechte Maßnahmen zu vereinbaren. Ihr fehlt die (Führungs-)Kompetenz, mit den Gefühlen anderer umzugehen.

Auf Gefühle konstruktiv Einfluss nehmen

Generell ist es leicht, Einfluss auf die Gefühle anderer zu nehmen. Sie wissen, wie Sie Ihren Kollegen zur Weißglut bringen, einen Freund enttäuschen oder einen Kunden beleidigen können. Dies ist allerdings nicht mit der Kompetenz gemeint, die Gefühle anderer zu beeinflussen und zu regulieren. Es geht vielmehr darum, konstruktiv Einfluss zu nehmen: also beispielsweise aufgeregte oder wütende Menschen zu beruhigen und ängstliche zu ermutigen. Aber auch die Fähigkeit, Menschen zu helfen, sich ihrer Gefühle bewusst zu werden, ihr Interesse zu wecken oder ihre Stimmung zu verbessern, gehört zu diesem Kompetenzbereich.

In konstruktiver Weise auf die Gefühle anderer Einfluss zu nehmen, fällt vielen Menschen schwerer, weil sie in mehrfacher Hinsicht gefordert sind. Sie müssen über verschiedene Gefühle und ihre Wirkung Bescheid wissen, um jemandem konstruktiv bei der Bewältigung schwieriger emotionaler Situationen beistehen zu können. Sie müssen wissen, wie man Menschen mit starken Gefühlen helfen kann, wieder handlungsfähig zu werden. Sie brauchen ein gutes Einfühlungsvermögen und geeignete Gesprächstechniken.

Ausgebildete Gefühlsprofis

Personen, die berufsmäßig mit Menschen in emotionalisierten Situationen zu tun haben, werden dafür speziell ausgebildet: z. B. Therapeuten oder Mitarbeiter im Beschwerdemanagement oder in Beratungsstellen, Mediatoren oder Seelsorger. Generell ist es aber für auch für andere Berufsgruppen sinnvoll, sich entsprechendes Handwerkszeug für die Bewältigung emotionalisierter Situationen anzueignen, z. B. für Ärzte, Menschen mit Personal- und Führungsverantwortung, Polizisten, Pädagogen und Mitarbeiter in Dienstleistung und Service.

Checkliste: Die Gefühle anderer beeinflussen und regulieren können

Kompetenz gut entwickelt	Kompetenz ausbaufähig
▪ Verfügt über gute emotionale Kompetenzen (vgl. andere Bausteine).	▪ Wenig Kompetenz im Umgang mit eigenen Gefühlen und deren Wahrnehmung.
▪ Kann auch starke Gefühle anderer Menschen zulassen, ohne selbst aus der Fassung zu geraten.	▪ Ist irritiert, überfordert, abwehrend, vorwurfsvoll, wenn andere stark emotional reagieren.
▪ Kann zuhören und den anderen unterstützen, seine Gefühle zu verstehen.	▪ Konzentriert sich auf Sachinhalte und blendet die Gefühle anderer aus.
▪ Kann helfen, wieder handlungsfähig zu werden.	▪ Kann bei emotionalen Problemen nicht helfen.
▪ Nutzt Gefühle zur Problemanalyse und gemeinsamen Lösungsfindung.	▪ Wehrt Gefühle ab, kann sie deshalb nicht als Informationsquelle nutzen.
▪ Weiß, wie Gefühle wirken, und kennt konstruktive Strategien zur Bewältigung schwieriger Situationen.	▪ Weiß wenig über Gefühle und den Umgang mit ihnen; neigt rationaler Problembewältigung zu.
▪ Verfügt über förderliche Gesprächstechniken.	▪ Verschlimmert eine Situation durch falschen Ton.

Baustein 6: Einstellungen zu Gefühlen

Die Einstellung einer Person zu Gefühlen ist im eigentlichen Sinne keine Kompetenz. Sie beeinflusst aber maßgeblich die Anwendung vorhandener Fähigkeiten. Ein Mensch wird seine Fähigkeiten nur nutzen, wenn er es für sinnvoll erachtet und will. Hält er Gefühle bei der Beurteilung von Sachverhalten und Situationen für nebensächlich oder gar schädlich, so wird er sie sich nicht gezielt bewusst machen und ist entsprechend nicht in der Lage, sie als Erkenntnishilfe zu gebrauchen. Die Kompetenz wäre vorhanden, aber seine Einstellung hindert ihn daran, diese Kompetenz zu nutzen.

Beispiel: Marathon

Wenn Sie vorhaben, einen Marathon zu laufen, reicht es nicht, dass Sie das körperliche Potenzial und die Kondition haben, diese Belastung durchzustehen. Wichtig und in jedem Fall mitentscheidend ist, dass Sie tatsächlich das Ziel erreichen wollen.

Wesentlich für den klugen Umgang mit Gefühlen ist die Bereitschaft, sie als Erkenntnis- und Entscheidungsquelle zu nutzen. Wenn Sie zwar Ihre eigenen Gefühle und die anderer wahrnehmen, sie aber für unwichtig halten, können Sie Ihre emotionale Kompetenz nicht nutzen.

Da in unserem Erziehungs- und Ausbildungssystem Gefühlen wenig Aufmerksamkeit geschenkt wird, werden sie tendenziell abgewertet. Ihre Bedeutung für die eigene Leistungs- und Entscheidungsfähigkeit, für Kreativität, Gesundheit und kompetenten Umgang mit Menschen wird nicht hinreichend gewürdigt.

Checkliste: Einstellungen, die die emotionale Kompetenz fördern und hemmen

Hilfreiche Einstellungen	Hinderliche Einstellungen
▪ Es ist wichtig, sich seiner Gefühle anderen gegenüber bewusst zu sein.	▪ Es ist nutzlos, Gefühlen und Stimmungen Aufmerksamkeit zu schenken.
▪ Ich will wissen, warum sich meine Stimmung manchmal ändert.	▪ Stimmungen kommen und gehen. Am besten, man ignoriert sie.
▪ Mich selbst zu verstehen, ist mir wichtig.	▪ Gefühle verleiten zur Unvernunft.
▪ Ich möchte andere Menschen verstehen.	▪ Mich interessieren mehr die Fakten als die Menschen.
▪ Ich finde für Entscheidungen Gefühl und Verstand gleichermaßen wichtig.	▪ Gefühle verkomplizieren Entscheidungen. Besser ist, man blendet sie aus.
▪ Ich halte es für wichtig, dass man seine Gefühle zum Ausdruck bringt kann.	▪ Gefühle haben im Beruf nichts zu suchen. Mich nerven Leute, die ihre Gefühle zeigen.
▪ Gefühle geben mir wichtige Hinweise im Umgang mit mir selbst und anderen.	▪ Es ist Zeitverschwendung, über seine Gefühle oder die von anderen nachzudenken.
▪ Ich möchte zeigen können, was ich empfinde.	▪ Meine Gefühle gehen keinen etwas an.

Die Wirkung von Emotionen auf Denkprozesse und Entscheidungen

Dem im letzten Jahrzehnt neu erwachten Interesse der psychologischen Forschung an Emotionen verdanken wir interessante Erkenntnisse, was den Zusammenhang zwischen Denkleistung und Gefühlen betrifft. So hat man in einem Experiment mit Medizinern feststellen können, dass ihre Diagnose treffsicherer ist, wenn sie positiv gestimmt sind.

Alice Isen, Psychologin an der Cornell University, überreichte in einem Versuch Medizinstudenten und Ärzten kleine Geschenke. Bei der anschließenden Bearbeitung eines medizinischen Falls erfolgten deren Diagnosen prompt genauer, rascher, und ihre Behandlungsvorschläge waren vielfältiger und nützlicher als die der nicht beschenkten Kollegen. Isen erklärt diesen Effekt damit, dass ein noch so kleines Geschenk eine glückliche, positive Stimmung erzeugt. Positiv gestimmte Menschen sind großzügiger und hilfsbereiter. Zudem verfügen sie über eine bessere Fähigkeit zur kreativen Problemlösung.

Emotionen sind Wahrnehmungsfilter

Gefühle beeinflussen nicht nur die Denkleistung, sondern auch die Einschätzung von Sachverhalten. Sie wirken wie ein Filter, der die Wahrnehmung je nach Stimmung verschieden einfärbt. Experimente der Emotionsforscher Clore und Mayer belegen, dass Stimmungen die Urteile von Menschen verändern. Sie versetzten Testpersonen gezielt in eine glückliche oder traurige Stimmung und gaben ihnen im Anschluss Aufgaben zu erledigen – sie sollten politische Kandidaten beurteilen oder ihre Haltung zu Konsumprodukten beschreiben. Clore konnte zeigen, dass sich Stimmungsveränderungen unmittelbar auf die Urteile der Testpersonen auswirkten. Der Wissenschaftler John Teasdale geht sogar so weit zu sagen, dass unsere gesamte Realitätswahrnehmung maßgeblich durch unsere eigene Stimmung beeinflusst wird.

Gefühle korrespondieren mit Denkstilen

Positive Stimmungen fördern demnach einen intuitiven, ganzheitlichen Denkstil. Sie unterstützen eine kreative Herangehensweise an Aufgaben. Damit verbunden ist jedoch die Neigung, mögliche Risiken zu übersehen und eine Situation insgesamt zu optimistisch einzuschätzen. Negative Stimmungen korrespondieren eher mit einem analytisch-detailorientierten Denken und sind mit einer tendenziell übervorsichtigen und kritischen Haltung verbunden.

Diese mittlerweile allgemein anerkannten Erkenntnisse haben weit reichende Konsequenzen und haben zu einer Neueinschätzung der Relevanz von emotionaler Intelligenz beigetragen: Je nachdem, in welcher Stimmung Sie sich einer Problematik zuwenden, kommen Sie bei gleicher Sachlage zu unterschiedlichen Einschätzungen und Konsequenzen. Dr. Döring-Seipel fasst die Befunde folgendermaßen zusammen: „Informationsverarbeitung ist eingebettet in die momentane emotionale Gesamtsituation einer Person. Emotionen bilden den Rahmen, innerhalb dessen Denk- und Entscheidungsprozesse stattfinden."

Demnach sind Fühlen und Denken nicht zu trennen, sondern aufs engste miteinander verbundene Prozesse. Menschen, die in der Lage sind, ihre Gefühle wahrzunehmen und zu beeinflussen, können folglich diese Fähigkeit auch nutzen, ihre Denkfähigkeit in unterschiedlichen Situationen zu verbessern.

Angst und Stress sind leistungsmindernd

Schon länger bekannt und von dem Biochemiker Frederic Vester bereits 1978 in seinem Buch *Denken, Lernen, Vergessen* treffend beschrieben ist die Beobachtung, dass das Gedächtnis von Menschen deutlich schlechter arbeitet, wenn sie Angst empfinden oder unter Stress stehen. Das betrifft sowohl das Aneignen von Lernstoff als auch das Abrufen von Gedächtnisinhalten.

Beispiel: Blackout in der Prüfung

Gefürchtet sind Gedächtnislücken in Prüfungen: Dinge, die man sonst auf Anhieb weiß oder benennen kann, fallen einem in dieser Stresssituation nicht mehr ein. Der körperliche Zustand, der bei Angst vorherrscht, führt zu einer eingeschränkten Leistung jenes Gehirnareals, das für kognitive, also verstandesmäßige Inhalte und Prozesse zuständig ist. Ein Großteil der Energie geht ins Herz-Kreislauf-System und in die Versorgung der Muskulatur – was wenig nützlich für die Bewältigung kognitiver Aufgaben ist.

Aber nicht nur in Prüfungen, auch in Lernsituationen ist die kognitive Leistung beeinträchtigt, wenn ein stressiges Klima herrscht (z. B. unangenehme Umgebung, große Gruppen, starke Konkurrenz, Angst vor Blamage oder vor dem Lehrer). Die logische Konsequenz aus diesen Erkenntnissen, nämlich das Schaffen eines positiven Lernklimas, wird zum Teil in der

Personalentwicklung schon umgesetzt. So sorgen professionelle Seminaranbieter und Trainer für einen schönen Seminarort, eine gute Atmosphäre in der Lerngruppe und für Übungs- und Lernangebote, die den Fähigkeiten jedes Einzelnen angepasst sind.

> Ziel einer entspannten, angenehmen Lernsituation ist es, neue Fähigkeiten und Kenntnisse möglichst angstfrei zu vermitteln. Das erhöht die Chance, dass sie später leichter erinnert und auch praktisch angewendet werden können.

Das deutsche Regelschulsystem zeigt sich hingegen erstaunlich resistent gegen diese Erkenntnisse, wie ein Blick in die meisten Klassenzimmer – vor allem der weiterführenden Schulen – zeigt. Die hohe Zahl von Schulversagern (man geht heute von fast einem Viertel jedes Jahrgangs aus) ist nicht zuletzt auch auf diese Ignoranz gegenüber Zusammenhängen von Gefühls- und Lernprozessen zurückzuführen.

Wer die Angst im Griff hat, leistet mehr

Der Zusammenhang zwischen Angst und mangelnder Leistungsfähigkeit erklärt, warum Menschen, die in der Lage sind, ihre negativen Gefühle zu regulieren, in belastenden Situationen leistungsstärker sind. Menschen, die sich selbst beruhigen können, behalten ihre kognitive Leistungsfähigkeit auch in Stresssituationen. Emotionale Intelligenz und kognitive Intelligenz sind zwar voneinander unabhängige Größen, doch wenn es um die Arbeit des Gedächtnisses und das Abrufen von Wissen geht, haben Emotionen und die Fähigkeit, sie zu regulieren, einen deutlichen Einfluss. Menschen, die ein vorhandenes Angstgefühl nicht regulieren können, haben signifikant schlechtere Prüfungsleistungen als Menschen, die dazu in der Lage sind.

Emotionale Intelligenz und beruflicher Erfolg

Nach seinem außerordentlichen Erfolg befragt, meinte der ehemalige Konzernchef Rudolf Oetker: „Geschäfte muss man aus dem Bauch heraus entwickeln und dann seinen Kopf gebrauchen." Das klingt wie eine Kurzformel von emotionaler Intelligenz: Gefühl und Denken zusammenbringen und dann entscheiden. Auch Daniel Goleman geht davon aus, dass es enge Zusammenhänge zwischen emotionaler Intelligenz und beruflichem Erfolg gibt. Wissenschaftlich belegt ist dies bisher jedoch nicht, was sicherlich auch daran liegt, dass es schwierig sein dürfte, entsprechende Langzeitstudien durchzuführen. Sicherlich gilt jedoch im Umkehrschluss die einfache Formel „Wer beruflich erfolgreich ist, ist auch emotional intelligent" nicht. Man konnte bisher durchaus mit anderen Teilintelligenzen beruflich erfolgreich sein und dabei Defizite in der emotionalen Kompetenz haben.

Beispiel: Der Programmierer

Ein Programmierer, der hoch effiziente Programme schreibt, kann auch Erfolge im Job erzielen, wenn er Probleme hat, Gefühle bei anderen wahrzunehmen oder eigene Gefühle auszudrücken. Diese Defizite müssen sich nicht negativ auf seine Progammiertätigkeit auswirken. Sicherlich wird er aber über die emotionale Kompetenz verfügen, mit Frustration und Rückschlägen produktiv umgehen zu können. Außerdem wird er in der Lage sein, sich selbst so zu motivieren, dass er ausdauernd und diszipliniert arbeiten kann. Es kann also sein, dass er im Selbstmanagement über eine hohe emotionale Kompetenz verfügt, die im sozialen Kontakt jedoch eher unterentwickelt ist. Solange er nicht in engem Kontakt mit Kunden und anderen Teammitgliedern arbeiten muss, kann er damit erfolgreich sein.

Da sich emotionale Intelligenz aus verschiedenen Bausteinen zusammensetzt, können einzelne Kompetenzen gut entwickelt seine, andere jedoch höchst mangelhaft. So gibt es zahlreiche Manager und Politiker, die es zwar weit gebracht haben, die aber der Öffentlichkeit eher durch einen Mangel an emotionaler Intelligenz auffallen, indem sie von einem Fettnäpfchen ins nächste treten.

Team- und Projektarbeit

Mittlerweile verschwinden die Nischen, in denen man ohne entwickelte emotionale und soziale Kompetenz erfolgreich bestehen kann. Durch vermehrte Team- und Projektarbeit – mittlerweile auch über nationale Grenzen hinweg – sind Fachleute stärker in ihren sozialen Kompetenzen gefordert.

Auch ein Programmierer arbeitet nicht mehr allein vor sich hin. Die Projekte sind größer, komplexer geworden. Er muss mit anderen zusammen Lösungswege entwickeln, sich in Teammeetings mit den Kollegen auseinandersetzen und in der Lage sein, für seine Lösung zu werben, ohne andere vor den Kopf zu stoßen.

Fördermittel für Forschungsprojekte gehen heutzutage fast ausschließlich an Projektgruppen, die interdisziplinär ausgerichtet sind. Die Zeiten, in denen ein Forscher in seinem Elfenbeinturm erfolgreich allein vor sich hinarbeiten konnte, sind vorbei. Abstimmung und Koordinierung von Themen erfolgt heute in Gruppen und ist schwieriger geworden. Dies erklärt, warum soziale, emotionale und persönliche Kompetenzen heute weit mehr gefordert und gefragt sind.

Soft Skills in der Personalauswahl

Entsprechend hat die neue Wertschätzung der so genannten weichen Kompetenzen eines Menschen, also der emotionalen, sozialen Kompetenzen (Soft Skills), die Perspektive vieler Personalmanager verändert. Beim professionellen Rekrutieren von Personal sind soziale und emotionale Kompetenzen mittlerweile ein zentrales Auswahlkriterium, vor allem wenn es um Jobs mit Führungs- und Personalverantwortung geht. Dies erklärt auch den verstärkten Trend zur Personalauswahl in Assessmentcentern, die einen ganzheitlichen Blick auf die Persönlichkeit ermöglichen sollen.

Die Ergebnisse der psychologischen und neurobiologischen Forschung werden diesen Trend weiter verstärken. Zurzeit arbeiten mehrere Forschungsgruppen an der Entwicklung von Tests zur emotionalen Intelligenz, die es Personalern und Berufsberatern ermöglichen sollen, Menschen im Hinblick auf ihre emotionalen Kompetenzen einzuschätzen und entsprechend zu beraten und fördern. Auch werden Programme zur Entwicklung und Förderung emotionaler Intelligenz in Erziehung, Ausbildung und Personalentwicklung entworfen.

Emotionale Kompetenzen (weiter)entwickeln

Emotionale Intelligenz lässt sich trainieren, indem man übt, die eigenen Gefühle angemessen auszudrücken und konstruktiv einzusetzen. Schätzen Sie sich mit Hilfe des Tests selbst ein und lernen Sie, mit den Gefühlen anderer besser umzugehen.

In diesem Kapitel zeigen wir Ihnen, wie Sie

- mit Hilfe eines Tests Ihre eigene emotionale Kompetenz einschätzen (S. 77 ff.),
- eigene Gefühle differenziert wahrnehmen (S. 88 ff.) und negative Gefühle ummünzen (S. 96 ff.),
- Gefühle angemessen ausdrücken (S. 115 ff.) und
- die Gefühle der anderen besser wahrnehmen (S. 120 ff.).

Wege des Lernens

Das Gehirn des Menschen ist ein flexibles Organ, das sich laufend umorganisiert. Wann immer wir etwas Neues erfahren oder lernen, verändern sich Schaltkreise in unserem Gehirn, und neue Nervenverbindungen entstehen. Diese Entwicklung kann man sogar mit speziellen Apparaturen sichtbar machen. Sie können also davon ausgehen, dass es nach der Lektüre dieses TaschenGuides anders in Ihrem Kopf aussehen wird als vorher.

Eine andere Sicht auf die Dinge

Die intensive Auseinandersetzung mit Emotionen und ihren Auswirkungen auf verschiedene Lebensbereiche wird Ihre Perspektive auf dieses Thema bereits verändert haben, gleichgültig, ob Sie den dargestellten Inhalten zustimmend oder kritisch gegenüberstehen. Sie werden vermutlich auch ohne besondere Absicht sensibler für emotionale Prozesse sein und schneller aufmerken, wenn Sie auf etwas stoßen, das Sie an diese Lektüre erinnert. Wahrscheinlich haben Sie sich auch während des Lesens immer wieder gefragt: „Wie ist das bei mir?", oder dargestellte Fälle mit Ihren eigenen Erfahrungen verglichen: „Kenne ich einen Menschen mit gefühlsblinden Zügen?" Vielleicht empfanden Sie auch spontan Abwehr: „Unsinn, ich fälle Entscheidungen ausschließlich nach sachlich-logischen Kriterien. Meine Stimmung spielt da keine Rolle." Doch auch in diesem Fall werden Sie wahrscheinlich in Zukunft solche Entscheidungsprozesse stärker beobachten: „Spielt die Stimmung tatsächlich keine Rolle?

Bin ich bei schlechter Laune wirklich nicht gründlicher, kritischer, pessimistischer, zögerlicher, weniger risikobereit?"

Die entscheidende Änderung

Vielleicht hat sich neben der Perspektive aber auch Ihre Einstellung zur Wertigkeit und zum Nutzen von Gefühlen verändert. Wie bereits erwähnt, spielt Ihre Einstellung eine wesentliche, wenn nicht sogar die entscheidende Rolle für die Nutzung Ihrer emotionalen Kompetenzen und deren Weiterentwicklung. Die neueren Erkenntnisse der psychologischen und neurobiologischen Forschung belegen die Allgegenwart und den massiven Einfluss von Gefühlen in unserer täglichen Denk- und Entscheidungspraxis. Wenn Sie diese Erkenntnisse überzeugen konnten, dann werden Sie mit großer Wahrscheinlichkeit Gefühle in Zukunft stärker berücksichtigen und ihnen einen größeren Stellenwert bei der Analyse von Menschen, Sachverhalten und Entscheidungen einräumen. Dies müssen Sie sich gar nicht extra vornehmen, denn wenn Sie sich haben überzeugen lassen, hat Ihr Gehirn die neuen Informationen schon in Ihr Denken eingespeist und sowohl Ihre Perspektive als auch Ihre Einstellung verändert.

Gut, dann könnten wir jetzt Schluss machen, und Sie stürzen sich wieder in den Alltag. Natürlich ginge das. Sie können allerdings Ihre bereits vorhandenen emotionalen Kompetenzen auch über die Lektüre hinaus gezielt weiterentwickeln. Die folgenden Kapitel zeigen Ihnen, wie das geht.

Selbsteinschätzung

In der psychologischen Forschung werden Selbsteinschätzungsbögen als Messinstrument eher kritisch gesehen – und zwar, weil wir unbewusst dazu neigen, uns so einzuschätzen, wie wir gern wären. Das stimmt nicht unbedingt mit unserem tatsächlichen Handeln überein. Trotz der nicht immer ganz realistischen Ergebnisse machen Tests dennoch Sinn. Sie regen dazu an, das eigene Verhalten zu reflektieren, und können Ihnen Anstöße geben, gezielt an der eigenen Entwicklung zu arbeiten. Der folgende Test gibt Ihnen die Möglichkeit, für sich persönlich zu überprüfen, welche emotionalen Kompetenzen Sie bereits nutzen. Beim Ergebnis geht es nicht um eine gute oder schlechte Bewertung. Es soll Ihnen vielmehr eine Orientierung geben, auf welche Felder Sie verstärkt Ihre Aufmerksamkeit richten können, wenn Sie Ihre emotionale Intelligenz weiterentwickeln möchten.

Wenn Sie neugierig sind, können Sie diesen Test auch kopieren und eine nahestehende Person bitten, Sie danach einzuschätzen. Sie müsste dann gedanklich jeweils die Ich-Form im Test durch Ihren Namen ersetzen („Ich schätze Anna/Jan folgendermaßen ein"). Im Anschluss können Sie Ihre Selbsteinschätzung mit der Einschätzung Ihres Bekannten vergleichen. Interessant sind hier vor allem die Unterschiede. Lassen Sie sich erklären, wie der andere zu seiner Einschätzung kommt. Aber beharren Sie nicht darauf, dass Ihre Sicht der Dinge richtig ist und die andere Person falsch liegt oder umgekehrt. Es sind einfach zwei unterschiedliche Perspektiven auf ein und dasselbe: Ihren Umgang mit Gefühlen.

Test: Emotionale Intelligenz

Umkreisen Sie jeweils den Buchstaben der Antwort, die Ihnen am ehesten zusagt. Denken Sie bitte nicht lange nach, sondern arbeiten Sie zügig und entscheiden Sie sich möglichst spontan.

Baustein 1: Die eigenen Gefühle erkennen und verstehen

Ich bin mir meistens bewusst, wie ich mich fühle.	a
Ich achte nicht besonders auf meine Gefühle und könnte meist auch nicht sagen, wie ich mich fühle.	b
Manchmal merke ich, wie ich mich fühle, oft aber auch nicht oder erst recht spät.	c
Ich nehme Stimmungen nicht so wahr.	a
Meine Stimmungsänderungen kann ich oft nicht verstehen.	b
Wenn meine Stimmung sich ändert, habe ich meistens eine Ahnung, womit das zusammenhängt.	c
Oft bemerke ich Gefühle erst, wenn sie schon recht stark geworden sind.	a
Ich bemerke Gefühle oft schon in ihren Anfängen.	b
Meist nehme ich gar keine klaren Gefühle wahr, sondern eher körperliche Veränderungen wie z. B. Wärme, Unruhe etc.	c

Baustein 2: Die eigenen Gefühle beeinflussen und regulieren können

Ich werde in stressigen, belastenden Situationen manchmal zu nervös.	a
In stressigen und belastenden Situationen kann ich mich gut selbst beruhigen.	b
In stressigen, belastenden Situationen verliere ich schnell die Nerven und mache dann auch viele Fehler.	c
Wenn ich richtig wütend bin, habe ich mich nicht mehr unter Kontrolle.	a
Manchmal sage ich im Ärger Dinge, die ich nachher bereue.	b
Ich bemerke es meist rechtzeitig, wenn ich mich ärgere, und kann den Ärger dann noch steuern.	c
Ich kann meine Gefühle nach einer Aufregung gut wieder in innere Balance bringen.	a
Oft fällt es mir schwer, nach einer Aufregung wieder in einen ausgeglichenen Gefühlszustand zu kommen.	b
Ich kann mich stundenlang über Dinge aufregen, die schlecht gelaufen sind.	c

Baustein 3: Expressivität – Gefühle erleben und ausdrücken können

Ich zeige möglichst keine Gefühle.	a
Ich wirke oft reservierter, als ich bin.	b
Ich spüre meine Gefühle deutlich und kann sie auch zeigen.	c

Ich kann anderen gut beschreiben, was ich fühle.	a
Ich habe nicht gelernt, über meine Gefühle zu sprechen.	b
Oft fehlen mir die Worte, wie ich das beschreiben könnte, was ich fühle.	c
Wenn ich Probleme habe, hilft es mir, wenn ich mit jemandem darüber offen reden kann.	a
Ich rede schon mit anderen über Dinge, die mich belasten, erzähle aber mehr über die Umstände als über mein Empfinden.	b
Ich vermeide es, mit anderen über meine Probleme zu reden.	c

Baustein 4: Die Gefühle anderer erkennen und verstehen

Manchmal bekomme ich mit, wie andere sich fühlen, oft aber auch nicht.	a
Ich bemerke in der Regel nicht, was bei anderen gefühlsmäßig los ist.	b
Ich habe ein gutes Gespür dafür, wie andere sich fühlen.	c
Ich kann kleine Veränderungen an anderen (z. B. Gesichtsausdruck, Stimme, Sprechen) gut wahrnehmen.	a
Manchmal fallen mir solche nonverbalen Signale auf. Oft achte ich aber einfach nicht darauf.	b
Ich konzentriere mich in der Regel mehr auf die Sachfragen. Auf das andere achte ich eher nicht.	c
Ich mache mir in der Regel keine Gedanken darüber, wie jemand anders eine Sache sieht oder empfindet. Ich fände das auch schwierig.	a

Bei Menschen, die mir ähnlich sind, kann ich ganz gut verstehen, wie sie empfinden. Für Menschen, die ganz anders sind, habe ich oft kein Verständnis.	b
Ich kann mich gut in die Lage anderer Menschen hineinversetzen und nachempfinden, wie es ihnen geht.	c

Baustein 5: Die Gefühle anderer beeinflussen und regulieren können

Ich kann gut mit den Gefühlen anderer umgehen.	a
Ich weiß nicht, was ich tun soll, wenn andere ihre Gefühle zeigen. Ich mag das nicht.	b
Es kommt darauf an. Wenn jemand sehr emotional ist, dann ist mir das schon eher unangenehm.	c
Ich finde es eher schwierig, wenn jemand mit seinen persönlichen Problemen zu mir kommt.	a
Menschen kommen oft zu mir, um mit mir über Dinge zu sprechen, die sie belasten.	b
In der Regel sprechen mich andere nicht wegen ihrer persönlichen Probleme an. Das wäre mir auch eher unangenehm.	c
Wenn sich jemand aufregt, unterbreche ich das Gespräch und führe es erst fort, wenn der andere sich wieder normal benimmt.	a
Ich kann Menschen gut beruhigen, wenn sie sich aufregen oder wütend werden.	b
Ich weiß oft nicht, was ich tun soll, wenn andere wütend werden.	c

Baustein 6: Einstellungen zu Gefühlen

Ich halte es für wichtig, sich der eigenen Gefühle bewusst zu sein.	a
Es hängt vom Thema ab. In sachlichen Kontexten finde ich die eigenen Gefühle nicht so wichtig.	b
Gewöhnlich macht es wenig Sinn, sich mit den eigenen Gefühlen zu befassen.	c
Ich halte es für ziemlich aussichtslos, andere Menschen verstehen zu wollen.	a
Ich denke oft gar nicht so darüber nach, wie der andere das wohl empfindet.	b
Ich versuche, andere Menschen zu verstehen.	c
Gefühle lassen sich schlecht beeinflussen. Man muss sie nehmen, wie sie kommen.	a
Ich denke, es ist wichtig, die eigenen Gefühle beeinflussen zu können.	b
Gefühle stören in vielen Zusammenhängen. Es ist besser, sie auszuschalten.	c

Übertragen Sie nun die Antworten in die folgende Tabelle und umkreisen Sie die entsprechende Punktzahl. Notieren Sie die jeweilige Summe in der rechten Spalte und zählen Sie alle Summen zusammen.

										Summe
Baustein 1	a	b	c	a	b	c	a	b	c	
	3	1	2	1	2	3	2	1	3	
Baustein 2	a	b	c	a	b	c	a	b	c	
	2	3	1	1	2	3	3	2	1	
Baustein 3	a	b	c	a	b	c	a	b	c	
	1	2	3	3	1	2	3	2	1	
Baustein 4	a	b	c	a	b	c	a	b	c	
	2	1	3	1	2	3	1	2	3	
Baustein 5	a	b	c	a	b	c	a	b	c	
	3	1	2	2	3	1	1	3	2	
Baustein 6	a	b	c	a	b	c	a	b	c	
	3	2	1	1	2	3	2	3	1	
							Gesamt:			

Auswertung

Baustein 1: Die eigenen Gefühle erkennen und verstehen

- 3–4 Punkte: Sie sind sich Ihrer Gefühle oft nicht bewusst, vielleicht auch weil Sie bisher nicht darauf geachtet haben. Wenn Sie diesem Bereich in Zukunft mehr Aufmerksamkeit schenken, können Sie Ihr emotionales System stärker als Orientierungshilfe im Alltag nutzen. Dabei ist es ratsam, bei den Übungen mit Baustein 1 anzufangen, weil die anderen emotionalen Kompetenzen auf diesem aufbauen.
- 5–7 Punkte: Sie zeigen in einigen Situationen emotionale Bewusstheit. Oft brauchen die Gefühle aber eine gewisse Stärke, damit Sie sie wahrnehmen. Auch sind Ihnen öfter die Zusammenhänge zwischen möglichen Anlässen und Ihren Gefühlen nicht klar. In solchen Fällen ist es schwieriger, auf Gefühle Einfluss zu nehmen. Deshalb lohnt es sich, diese Fähigkeit gezielt weiterzuentwickeln.
- 8–9 Punkte: Sie zeigen bereits ein hohes Maß an emotionaler Klarheit. So können Ihnen Ihre Gefühle in vielen Situationen eine gute Orientierungshilfe sein. Es gibt aber sicherlich Situationen, in denen auch Sie noch üben können, Ihre Gefühle klarer zu erfassen. Nutzen Sie diese Situationen als Übungsfeld.

Baustein 2: Die eigenen Gefühle beeinflussen und regulieren können

- 3–4 Punkte: Ihre Gefühle neigen dazu, sich selbstständig zu machen und das Kommando zu übernehmen. Das wird Ihnen oft Probleme bereiten und Sie Kraft und Energie kosten. Zu lernen, wie Sie mehr Einfluss auf Ihre Stimmungen nehmen können, wird Sie sehr entlasten.
- 5–7 Punkte: Je nachdem, welches Gefühl sich gerade breit macht, können Sie unterschiedlich gut Einfluss auf die Gefühlsdynamik und Ihre Stimmung nehmen. Schauen Sie sich genau an, welche Situationen für Sie problematisch sind, und arbeiten Sie gezielt daran, frühzeitig Einfluss auf das entstehende Gefühl zu nehmen.
- 8–9 Punkte: Sie haben bereits in unterschiedlichen Situationen die Fähigkeit, auf Ihre Gefühle Einfluss zu nehmen. Vielleicht können Sie diese Fähigkeit gezielt auf Situationen ausweiten, die auch für Sie noch schwierig sind?

Baustein 3: Expressivität – Gefühle erleben und ausdrücken können

- 3–4 Punkte: Es fällt Ihnen noch schwer, für Ihre Gefühle Worte zu finden. Auch ist es Ihnen nicht so einfach möglich, sich mit Ihren Gefühlen anderen anzuvertrauen. Die Übungen für den Baustein 3 können Ihnen helfen, in diesem Bereich noch zuzulegen.
- 5–7 Punkte: Es wirkt so, als würden Sie noch ein wenig mit „angezogener Handbremse" fahren, was den Ausdruck von Gefühlen angeht. In manchen Situationen ist diese

Reserviertheit sicherlich angemessen und notwendig. Trotzdem gibt es sicherlich zahlreiche Möglichkeiten für Sie, mehr aus sich herauszugehen. Suchen Sie sich passende Situationen, in denen Sie mutiger und expressiver auftreten können.

- 8–9 Punkte: Mit Ihrer Fähigkeit, Ihre Gefühle auszudrücken und mitzuteilen, spüren Sie eine große Lebendigkeit und Lebensfreude. Selbst wenn Ihre Art nicht jedem gefällt, so können Sie – nach heutigem Wissensstand – davon ausgehen, dass Ihre Expressivität ein guter Schutz gegen Krankheiten und Depression ist.

Baustein 4: Die Gefühle anderer erkennen und verstehen

- 3–4 Punkte: Die Wahrnehmung der Empfindungen und Gefühle anderer liegt nicht in Ihrem Fokus. Folglich bekommen Sie entsprechende Signale Ihrer Gesprächspartner oft nicht mit. Dadurch entgehen Ihnen Informationen, die Ihnen auch bei der Lösung von Sachfragen und Problemen hilfreich sein können. Eine Verbesserung in diesem Bereich würde manche Lösungsfindung und strategische Entscheidung leichter machen und die Beziehung zu anderen noch verbessern.
- 5–7 Punkte: Ihre Fähigkeit in diesem Bereich ist sehr situations- und personenabhängig. Indem Sie während eines Gesprächs immer wieder konsequent auf die Perspektive und das Empfinden des anderen achten, können Sie Ihr Verständnis für die Gefühle anderer weiterentwickeln.

Dies verbessert u. a. Ihre Möglichkeiten, tragfähige Lösungen für komplexe Probleme zu finden.

- 8–9 Punkte: Ihre Wahrnehmung für die Gefühle anderer ist sehr gut entwickelt. Ihre Fähigkeit, andere aus ihrer Situation heraus zu verstehen und ihre nonverbalen Signale wahrzunehmen, ist Ihnen in vielen Situationen eine große Hilfe, z. B. beim Entwickeln von Lösungen und Strategien.

Baustein 5: Die Gefühle anderer beeinflussen und regulieren können

- 3–4 Punkte: Die Konfrontation mit Gefühlen anderer im Gespräch empfinden Sie als unangenehm, wahrscheinlich auch als Überforderung. Zum gezielten Üben und Weiterentwickeln ist dieser Baustein erst geeignet, wenn Sie sich in den Kernbereichen der emotionalen Kompetenz (1–4) sicherer fühlen. Andere absolvieren eine mehrjährige Berufsausbildung, um mit emotional schwierigen Situationen gut umgehen zu können – es ist also auch nicht einfach. Brauchen Sie diese Kompetenz beruflich, so empfiehlt es sich, gezielt Seminare zu diesem Thema zu besuchen.
- 5–7 Punkte: Sie fühlen sich zuweilen unsicher, wenn Sie mit den Gefühlen anderer konfrontiert werden. Überlegen Sie, welche Situationen Ihnen öfter begegnen, und probieren Sie mit Hilfe der Hinweise ab Seite 58 alternative Verhaltensweisen aus. Gezielte Hilfestellungen für den Umgang mit Emotionen im beruflichen Kontext erhalten Sie auch in professionellen Seminaren.

- 8–9 Punkte: Sie können anderen Menschen helfen, wieder zu sich zu finden, wenn es ihnen nicht gut geht oder sie Gefahr laufen, sich in etwas hineinzusteigern. Das ist eine Fähigkeit, die man in vielen Berufen braucht, bei denen es um die Führung von Menschen geht – in Leitungsfunktionen, im Sport, in der Erziehung, bei der Polizei, im Beratungskontext, in Bildung und Ausbildung etc. Haben Sie bereits Aufgaben, bei denen Sie diese Fähigkeit einsetzen und nutzen können?

Baustein 6: Einstellungen zu Gefühlen

- 3–4 Punkte: Ihre Einstellung Gefühlen gegenüber ist sehr skeptisch. Sie betrachten das ausgeklügelte Gefühlssystem des Menschen nicht als ein mit dem Denken kooperierendes, sondern eher als ein konkurrierendes System. Mit dieser Einstellung können Sie Informationen, die Ihnen Gefühle geben können, nicht optimal nutzen.
- 5–7 Punkte: Ihre Einstellung Gefühlen gegenüber ist ambivalent. Wie hilfreich Ihnen Ihr emotionales System bei der Bearbeitung von Sachfragen sein kann, ist Ihnen nicht klar. Vielleicht, weil Sie Gefühlen in der Vergangenheit nicht so viel Beachtung geschenkt haben? Das ist nicht verwunderlich, denn Gefühle spiel(t)en in Bildung und Ausbildung kaum eine Rolle. Wenn Sie einmal den Bereich Gefühle genauer unter die Lupe nehmen, werden Sie interessante Erfahrungen machen.
- 8–9 Punkte: Sie schätzen die Funktion von Gefühlen als Orientierungshilfe und wichtige Informanten. Mit dieser

Einstellung werden Sie wachsam für die Signale, die Ihr eigener Körper Ihnen gibt und die Sie von anderen empfangen. In Zusammenarbeit mit Ihrem rationalen Denksystem können Sie so die Wirklichkeit ganzheitlicher erfassen.

Gesamtsumme

- 19–30 Punkte: Sie haben noch viel Entwicklungsspielraum im Bereich der emotionalen Intelligenz. Wenn Sie daran interessiert sind, diesen zu nutzen, können Sie sich Anregungen in den folgenden Kapiteln holen.
- 31–45 Punkte: Schauen Sie sich noch einmal die einzelnen Bausteine an. Welche Kompetenzen haben Sie bereits gut entwickelt, in welchen Bausteinen haben Sie Entwicklungsspielräume? Entscheiden Sie, welche Kompetenz(en) Sie gezielt weiterentwickeln möchten.
- 46–57 Punkte: Sie hatten in Ihrem Leben schon viele Möglichkeiten, Ihre emotionalen Kompetenzen zu entwickeln und zu erproben. Deshalb wissen Sie selbst auch am besten, in welchem Bereich Sie noch Verbesserungsmöglichkeiten haben. Vielleicht finden Sie entsprechende Anregungen in den folgenden Kapiteln.

Gefühle differenziert wahrnehmen

Die eigene Wahrnehmung und das Verständnis für die eigenen Gefühle gezielt weiterzuentwickeln ist nicht schwierig, da wir im Alltag unendlich viele Übungsmöglichkeiten vorfinden. Wie bereits erwähnt, werden alle Vorgänge und Tätigkeiten von uns emotional bewertet. Somit bieten sich im Prinzip alle Erlebnisse und Handlungen als Experimentierfeld an, auf dem wir uns die eigene emotionale Bewertung bewusst machen können.

Ein Statusbericht des Körpers

Damasio beschreibt Gefühle als eine Art Statusbericht des Körpers. Sie sind Momentaufnahmen, die darüber informieren, in welchem Zustand der Organismus sich gerade befindet, wie er das, was mit ihm und um ihn herum geschieht, verarbeitet und bewertet. Der Körper zeigt in Form von Gefühlen dabei sowohl längerfristige Tendenzen an (Stimmungen) als auch seine spontane Reaktion auf gerade Erlebtes. Gefühle sind wie eine innere Überwachungskamera, die laufend Aufnahmen macht, deren Informationen aber nur dann zur Verfügung stehen, wenn sie angesehen werden oder wenn sie Alarm auslöst. Die Informationen, die Ihnen Ihr Körper in Form von Gefühlen zur Verfügung stellt, können Sie gezielt abrufen. Jederzeit. Sobald Sie Ihre Wahrnehmung von den äußeren Vorgängen auf Ihr Inneres lenken, können Sie entsprechende Informationen in Ihr Bewusstsein holen. Diesen Wechsel der Aufmerksamkeitsrichtung können Sie auf verschiedene Art und Weise trainieren. Hier einige Vorschläge.

Innehalten

Um Ihre Gefühle klar wahrnehmen zu können, müssen Sie Ihre Aufmerksamkeit nach innen richten, auf die Empfindungen Ihres Körpers. Lassen Sie die Außenwelt für einen Moment außen vor und konzentrieren Sie sich auf die Wahrnehmungsaufgabe. Dies ist ein ähnlicher Prozess wie beim Kopfrechnen. Wenn Sie beispielsweise „27 mal 13" im Kopf rechnen wollen, halten Sie auch inne, schalten für kurze Zeit die Außenwahrnehmung ab, rechnen konzentriert und wenden sich dann wieder der Außenwelt zu. Ähnlich funktioniert das Wahrnehmen von Gefühlen: Sie wechseln vom äußeren Aufmerksamkeitsmodus zum inneren, konzentrieren sich auf die Aufgabe, das momentane Empfinden wahrzunehmen, und kehren nach Abschluss des Prozesses wieder in die Außenwelt zurück. Zum Üben eignen sich zu Beginn vor allem Situationen, in denen Sie ohnehin allein sind. Sie können dann ungestört den Aufmerksamkeitswechsel von außen nach innen und zurück üben.

Übung: Aufmerksamkeitswechsel außen/innen

Halten Sie bei dem, was Sie gerade tun, kurz inne und suchen Sie Antwort auf folgende Fragen: Wie geht es mir im Moment? Wie fühle ich mich? Achten Sie dabei vor allem auf Ihr körperliches Empfinden, z. B. Körperspannung, Atmung, Gefühl der Leichtigkeit/Schwere, Energie) Wenn es Ihnen in diesem Moment gut geht, können Sie dieses Gefühl intensivieren und sich davon durchströmen lassen. Wenn Sie sich eher unwohl fühlen, versuchen Sie zu erspüren, woran das liegt. Was stört/fehlt eventuell?

Machen Sie diese Übung ruhig in ganz unterschiedlichen Situationen, z. B. auf dem Sofa, kurz bevor Sie abends den Arbeitsplatz verlassen, beim Einkaufen in der Schlange, morgens im Bett, im Auto vor der roten Ampel, nach dem Sport unter der Dusche, nach einem Gespräch mit einem Kunden/Kollegen, beim Musikhören, nachdem etwas nicht so geklappt hat, wie Sie sich das vorgestellt haben usw.

Es kann sein, dass Sie zu Beginn bei Ihren Innenaufnahmen etwas unschlüssig sind und zu keinem klaren Ergebnis kommen bzw. auch nicht beschreiben könnten, wie Sie sich zurzeit fühlen. Das ist nicht weiter schlimm. Je öfter Sie diese Übung machen, desto sensibler werden Sie für die Unterschiede, desto genauer und schneller erkennen Sie die Reaktion Ihres Körpers auf die Umstände, in denen Sie sich gerade befinden.

Wenn Sie den bewussten Aufmerksamkeitswechsel von außen nach innen eine Zeitlang allein geübt haben, können Sie den Schwierigkeitsgrad erhöhen und den Aufmerksamkeitswechsel auch in Gesellschaft vornehmen.

Übung: Aufmerksamkeitswechsel im Meeting

Nehmen Sie sich als Übungsfeld ruhig eine Gruppensituation vor, in der Sie nicht dauernd so gefordert sind wie in einem Zweiergespräch. Das Meeting läuft schon eine Zeitlang, Sie halten auch hier kurz inne, richten die Aufmerksamkeit nach innen und fragen sich: Wie geht's mir im Moment? Wie fühlt es sich an, hier mit diesen Leuten zu diesem Thema zu sitzen? Spüren Sie Unruhe oder Langeweile? Womit hängt das zusammen? Verspüren Sie Interesse bzw. Lust, sich einzubringen? Fühlen Sie sich unsicher? Wenn ja, was verunsichert Sie?

Gefühlsdiagnose als Handlungsimpuls

Begnügen Sie sich in solchen Gesellschaftssituationen zunächst mit dem Beobachten und Erkennen Ihrer Innensicht. Nach etwas Übung mit einer sicheren „Diagnose" können Sie aus solchen gefühlsmäßigen Momentaufnahmen auch klare, die Diskussion steuernde Beiträge machen.

Beispiel: Gefühle als Steuerungsinstrument im Meeting

Frau Schmidts Innenschau hat in einem auf eine Stunde angesetzten Meeting diagnostiziert: „Ungeduld und Besorgnis, dass die Zeit knapp werden könnte". Als Ursache hat sie Folgendes ausgemacht: die Teilnehmer des Meetings reden schon recht lange über Punkt 1 der Agenda, sodass nur noch wenig Zeit für die restlichen Punkte bleiben wird. Ihr selbst ist aber Punkt 3 sehr wichtig. Sie interveniert schon in der Anfangsphase dieses Gefühlsgemischs, also *bevor* sie genervt und enttäuscht ist, dass nicht mehr ausreichend Zeit für ihren Tagesordnungspunkt bleibt: „Wir diskutieren bereits seit 20 Minuten die Fuhrparkfrage. Grob ist ja jetzt klar, wie wer dazu steht und eine Entscheidung steht ja heute noch nicht an. Wir haben aber noch drei weitere wichtige Punkte für heute auf der Agenda stehen, bei denen auch Entscheidungen getroffen werden müssen. Uns bleiben noch 40 Minuten Zeit dafür. Ich schlage vor, wir schließen Punkt 1 vorläufig ab und gehen über zum nächsten Thema, nämlich der Frage, welche Entwürfe wir unserem Kunden in Halle vorlegen wollen."

Dies ist die wesentliche Aufgabe von Gefühlen: Sie sind ein Diagnoseinstrument für Situationen und können Impulse zur Handlung und Veränderung geben. Wenn Sie das Gefühl und seine Ursache klar erkannt haben, wissen Sie auch, in welche Richtung der Veränderungsimpuls gehen könnte. Da Frau Schmidt von ihren auftauchenden negativen Gefühlen noch nicht völlig eingenommen war, verfügte sie über die Fähigkeit, diese als Impuls für einen konstruktiven Vorschlag zu nutzen. Hätte sie ihre Ungeduld und ihre Besorgnis erst in einem fortgeschrittenen Stadium wahrgenommen, wäre ihre Intervention höchstwahrscheinlich zu spät gekommen. Auch wäre die Gefahr groß gewesen, dass ihr dann vermutlich genervt klingender Beitrag nicht mehr konstruktiv gewirkt hätte.

Üben in Alltagssituationen

Den Schritt von der Gefühlsdiagnose zur Handlung können Sie auch in unverfänglicheren Situationen üben als in einem Meeting mit vielen Akteuren.

Übung: Vom Fühlen zum Tun

Wenn Sie bei Ihren Innehalteübungen feststellen, dass etwas nicht in Ordnung ist, fragen Sie sich: Was ist nicht in Ordnung? Was fehlt mir/meinem Körper, damit ich mich/er sich wohl fühlt? Was könnte ich unter den gegebenen Bedingungen ändern, damit es mir/ihm besser geht? Wenn Sie z. B. in Ihrem Büro merken, dass Sie müde und schon etwas unaufmerksam sind: Würde es Ihnen helfen, das Fenster zu öffnen, sich zu dehnen, zu strecken, ein paar bürotaugliche Körperübungen zu machen oder ein Glas Wasser zu trinken? Würde es nutzen, beim nächsten Gang zum Kollegen nicht den Fahrstuhl zu nehmen, sondern die Treppe zügig hinaufzulaufen, damit Ihr Kreislauf wieder in Schwung kommt? Und, wenn Sie schon mal da sind, ein bisschen mit ihm zu lachen? Lachen vitalisiert. Oder hilft es Ihnen, kurz zu entspannen und sich vorzustellen, was Sie am Abend Schönes tun werden? Oft gibt die Aussicht auf eine Belohnung neue Energie, um das noch Anstehende mit mehr Schwung meistern zu können.

Das Prinzip ist ähnlich wie beim Beispiel mit dem Meeting. Ihr Gefühl gibt Ihnen ein Feedback zu Ihrer momentanen Verfassung. Je exakter Sie das Gefühl und dessen Ursache erfassen können, desto eher fällt Ihnen ein, was Sie tun könnten, um den misslichen Zustand zu verbessern.

Gefühlsprotokoll

Oft nehmen wir negative Zustände und Stimmungen als gottgegeben hin. Die Diagnose ist klar: schlechte Laune, Müdigkeit, Lustlosigkeit, latenter Ärger, Angespanntheit. Aber was könnten wir tun oder verändern, um unseren Zustand zu verbessern? Das wird uns auch im folgenden Kapitel beschäftigen.

Um Gefühle gezielt zu beeinflussen, brauchen wir ein gutes Gespür für unsere Emotionen und die Zusammenhänge, in denen sie stehen. Wir müssen uns, unseren Körper und seine Reaktionsweise auf bestimmte Umstände genauer kennen lernen, um ihn auch gezielt beeinflussen zu können. Oft gibt es gefühlsmäßig bestimmte Muster, also ähnliche Umstände, die ähnliche Gefühle hervorrufen. Diese können Sie am besten herausfinden, wenn Sie eine Zeitlang Protokoll oder Tagebuch führen. Stichworte sind hierfür schon ausreichend.

Übung: Zusammenhänge erkennen

Notieren Sie etwa eine bis vier Wochen lang in einem Heft/einer Datei kurz die jeweilige Tätigkeit und einen Kommentar, wie es Ihnen dabei ging. Z. B.:

Aufwachen: Noch sehr müde, ziemlich schlapp, war gestern spät. Bin aber gespannt auf die Vorstellung von Zenker, hat mich gleich wacher gemacht.

Frühstück: War früh genug dran, konnte Zeitung lesen, guter Kaffee, Sonne schien schon ins Fenster, einfach nur super! Fühlte mich leicht und beschwingt.

Fahrt zur Arbeit: Unglaublich, wie lange die Baustelle schon nervt! Je länger ich stand, desto ärgerlicher wurde ich. Die gute Laune vom Frühstück war jedenfalls weg.

Vormittag: Vieles auf einmal, konnte nichts wirklich konzentriert zu Ende bringen, in meinem Kopf schwirrte alles gleichzeitig herum, viele Telefonate, bekam kaum Luft; es war schwer, noch irgendwas zu spüren, musste mich zwingen, auch nur 30 Sekunden innezuhalten. War sehr angespannt, aber nicht mies drauf.

Abend: Ziemlich k.o., hatte keine Energie mehr zum Kochen, vorm Fernseher abgehangen; hat mich noch müder gemacht. Die Schultern tun mir weh, Ich hab mich zu wenig bewegt. Ging abgekämpft ins Bett, nicht wirklich zufrieden ...

Wiederkehrende Gefühlsmuster erkennen

Je nachdem, wie Ihre Tage verlaufen, werden Sie bestimmte Muster herausfinden. Welche Umstände bescheren Ihnen Zufriedenheit, Glücksgefühle? Wann fühlen Sie sich beschwingt, guter Dinge, voller Energie? Sie werden aber auch Muster erkennen, die zeigen, was Sie erschöpft, auslaugt, negativ stimmt, Ihnen nicht gut tut. Es gibt Zusammenhänge zwischen Situationen, Ihren Handlungen und Gefühlen. Wenn Ihnen diese Zusammenhänge klarer sind, können Sie darauf Einfluss nehmen. Sie können bei der Analyse Ihrer Aufzeichnungen wiederkehrende Gefühle verschiedenfarbig markieren, um sich Muster deutlicher zu machen.

Beispiel: Mögliche Muster

Nach dem Sport geht es Ihnen immer gut? Wenn Sie nach der Arbeit auf dem Sofa dösen, werden Sie noch müder, energieloser? Immer wenn Sie mit Herrn Fritz zu tun haben, reagieren Sie gereizt? Die Tage mit ruhigem Frühstück laufen besser als die ohne? C. zu treffen – und sei es auch nur kurz – macht Sie fröhlich? Wenn Sie gut gelaunt sind, gelingt Ihnen mehr? Bei schlechter Laune fällt Ihnen nichts Vernünftiges ein? Dann können Sie besser Routinearbeiten erledigen?

Versuchen Sie die bei Ihnen wirksamen Zusammenhänge zwischen Situationen, Handlungen und Gefühlen herauszufinden. Notieren Sie die bei der Auswertung Ihrer Aufzeichnungen erkannten Regelmäßigkeiten. Sie haben die Möglichkeit, dieses Wissen gezielt zu nutzen. Sie könnten aus den positiven Situationen noch mehr Genuss und Energie ziehen, indem Sie sie intensiver auskosten oder sie öfter herbeiführen, und Sie können Strategien entwickeln, mit den eher negativ erlebten Situationen anders umzugehen.

Negative Gefühle ummünzen

Das menschliche Emotionssystem ist so konstruiert, dass wir durch unsere Gedanken Einfluss auf die weitere Entwicklung unserer Emotionen nehmen können. Die gedankliche Verarbeitung des Reizes, der die Emotion ausgelöst hat, ist zwar immer langsamer als die Entstehung der Emotion selbst, doch die Gedanken sind entscheidend für die weitere Entwicklung des Gefühls. Sie können es anfeuern und verstärken, aber auch relativieren, differenzieren oder Entwarnung geben. Die Gedanken können wir beeinflussen. Sie sind dem Bewusstsein zugänglich, form- und veränderbar. So können wir Emotionen durch Gedanken in einem frühen Stadium steuern, wenn wir es möchten. Denn es gibt durchaus Situationen, in denen es sinnvoll ist, frühzeitig Einfluss auf die Entwicklung eines Gefühls zu nehmen – nämlich dann, wenn es Ihnen oder anderen schadet (siehe die Beispiele auf Seite 102 und 106).

Ärger und Wut regulieren

Möchten Sie Ihrer Wut nicht ausgeliefert sein, so ist es wichtig, dass Sie frühzeitig den kleinsten Anflug von Ärger bei sich wahrnehmen. Ärger an sich ist nichts Schlechtes, sondern ein Hinweis darauf, dass etwas für Sie nicht in Ordnung ist. Den Hinweis nehmen Sie dankbar auf und überprüfen die Lage im frühen Stadium. So können Sie mit Ihrem Gefühl arbeiten, ohne sich ihm und seiner Dynamik auszuliefern.

Die Situation entschleunigen

Da das Denken langsamer verläuft als die emotionale Dynamik, müssen Sie innerlich für eine Entschleunigung sorgen. Halten Sie nach der Diagnose „Anflug von Ärger/Wut" kurz inne und aktivieren Sie Ihren Verstand mit dem Auftrag, die Situation zu checken. Damit Sie nicht automatisch dem Ärger in die Falle gehen, empfiehlt es sich, die körperliche Spannung gezielt zu lösen und still auszuatmen. Bei Ärger passiert normalerweise das Gegenteil: Wir atmen ein und spannen die Muskulatur an. Stattdessen sollten Sie also loslassen (sich z. B. im Stuhl zurücklehnen.), ausatmen und still zu sich selbst sagen: „Aha, eine Ärgersituation. Mal sehen, was ich tun möchte." Verfahren Sie dann nach einem festen Fahrplan.

Fahrplan bei jedem Anflug von Ärger/Wut

- **Früherkennung** des Gefühls und Diagnose: z. B. aufsteigender Ärger, Gefühl als Hinweis ernst nehmen.
- **Innehalten:** Muskulatur lockern, ausatmen (zurücklehnen, sich setzen), Entschluss zum Check.
- **Ursachenforschung:** z. B. Ärger über die Verspätung, die unzuverlässige Kollegin, das mangelhafte Protokoll
- **Überprüfung:** Ist der Anlass unabänderlich und damit als schicksalhaft hinzunehmen? Könnte es ein Missverständnis sein? Ist jemand (un)absichtlich Anlass für meine Verärgerung? Kann/muss/möchte ich Einfluss nehmen?
- **Entscheidung:** Was will ich tun? a) mich selbst beruhigen (bei Unabänderlichem); b) den Sachverhalt überprüfen (Missverständnis, unabsichtlich?); c) meinen Ärger zum Ausdruck bringen, Grenzen aufzeigen (jetzt oder später, wenn ich Abstand habe?); d) im Gespräch: Provokation ins Leere laufen lassen und sachorientiert weiterdiskutieren; e) Energie des Ärgers nutzen, Grundsätzliches im Gespräch klarzustellen/zu ändern.
- **Verantwortung:** Entscheiden Sie selbst, ob und wie stark Sie den Ärger zulassen wollen. Geben Sie nicht jemand anderem die Macht, Sie zu provozieren und Sie in einen Zustand nur bedingter oder eingeschränkter Zurechnungsfähigkeit zu versetzen. Übernehmen Sie die Verantwortung für Ihre Gefühle und das, was Sie tun und sagen.

Selbstmächtigkeit: Das Chairperson-Prinzip

Sie merken: Ziel der Regulation von Ärger ist es, selbstmächtig zu bleiben. Sie sollten sich niemals zum Opfer der Umstände machen. Im beruflichen Umfeld können Sie sich die Menschen und Umstände, mit denen Sie zu tun haben, nicht oder nur bedingt selbst aussuchen. Aber gerade hier ist es wichtig, sich (ärgerlichen) Begebenheiten nicht auszuliefern. Ruth Cohn, deutschstämmige Psychoanalytikerin und bekannte Gruppenpädagogin, nennt diese Haltung in ihrem TZI-Konzept „Chairperson-Prinzip". Für jede Situation, nicht nur im Falle akuten Ärgers, gilt ihre Aufforderung: „Sei deine eigene Chairperson (Leiter/in). Mach dir deine innere und äußere Wirklichkeit bewusst und entscheide dich dann."

In Seminaren zur TZI (= Themenzentrierte Interaktion, Konzept zum Leiten von Gruppen/Teams) wird gezielt der Wechsel von der Außen- zur Innenperspektive als Richtschnur für das Treffen verantwortlicher Entscheidungen geübt. Der Grundgedanke ist, dass wir nicht ohnmächtig, auch nicht allmächtig, sondern in jeder Situation partiell mächtig sind. Die gezielte Kooperation von Gefühl und Denken befähigt uns, den in einer Situation vorhandenen Freiraum zu erkennen und unsere partielle Macht zu nutzen. Im Falle von Ärger sind es z. B. die Handlungsvarianten a) bis e) im Ärgerfahrplan, die je nach Situation noch erweiterbar sind.

Freiräume erkennen

Zum Einüben der Regulation von Ärger eignen sich hervorragend Situationen, die Sie ohnehin nicht ändern können. Ganz offensichtlich ist der Ärger in solchen Fällen unproduktiv. Die Energie, die der Körper bei Ärger – vor allem der Muskulatur und dem Kreislauf – zur Verfügung stellt, können Sie nicht nutzen. Im Gegenteil, der Ärger schadet Ihnen (siehe Seite 40 f.). Der Freiraum als Chairperson Ihrer selbst besteht in einer solchen Situation darin, Ihre Gedanken dahingehend zu beeinflussen, dass sie Sie beruhigen bzw. eine Handlung einleiten, die auf Sie beruhigende Wirkung hat.

Beispiel: Außerplanmäßiger Halt

„Aufgrund einer Signalstörung haben wir einen außerplanmäßigen Halt. Bitte steigen Sie nicht aus. Wir werden Sie informieren, sobald wir Näheres erfahren. Wir bitten um Ihr Verständnis." Herrn Stöber reicht diese Ansage, um in Bruchteilen von Sekunden seinen Körper optimal mit allen Stresshormonen zu versorgen, die er bräuchte, um sich energiegeladen in einen Kampf zu stürzen. Leider sitzt er in einem Zug und kann weder zuschlagen noch fortlaufen noch Squash spielen – was mit diesem Hormoncocktail im Blut wunderbar funktionieren würde. Was denkt er in einer solchen Situation? Es sind den Ärger verstärkende Gedanken: „Diese blöde Bahn, es ist doch immer dasselbe. Die kriegen einfach nichts geregelt. Danke für mein Verständnis? Das ist wohl ein Witz! Ich habe kein Verständnis für diese dauernden Störungen ..." Um ihn herum fangen einige Leute an zu telefonieren: „Hallo Schatzi, ich steh hier hinter Friedberg, Signalstörung, ich weiß nicht, wann ich ankomme ... Ich denk an dich ... Ja, ich dich auch." Er hätte Lust, ihnen den Mund zu stopfen. Das Eingesperrt- und Ausgeliefertsein, die Enge und die vielen Menschen um ihn herum erhöhen den Stress. Wie könnte er sich mittels seiner Gedanken/Handlungen selbst beruhigen?

Maßnahmen zur Selbstberuhigung in unabänderlichen Situationen

- Realistische mentale Vorbereitung auf zu erwartende störende Vorkommnisse (Züge kommen zu spät, auf längeren Strecken gibt es Staus, Ware trifft nicht rechtzeitig ein etc.) – und zwar in X Prozent der Fälle.
- Akzeptanz: Der zu X Prozent zu erwartende Fall ist eingetreten. Okay. Ich mache das Beste daraus.
- Aktiv gegen körperliche Anspannung durch Ärger angehen: lange ausatmen, Muskulatur lockern, sich zurücklehnen, entspannen.
- Überlegung und Tat: Was kann ich tun, um mich in der Situation so gut wie möglich einzurichten? Z. B. eine Zeitung kaufen, ein Getränk bestellen, im Auto eine schöne CD einlegen, planen, was ich mir am Abend zum Ausgleich zu der Unannehmlichkeit gönnen werde (und mir das möglichst bildlich vorstellen), abschalten und an etwas Angenehmes denken, beten/meditieren, vorarbeiten für morgen.
- Planung für zukünftige Fälle: Vorbereitung mit Plan B. Plan A: alles klappt. Plan B: Was tue ich, wenn etwas – wie zu einem bestimmten Prozentsatz zu erwarten – schief geht? Ich nehme Dinge mit, von denen ich weiß, dass sie mir helfen (Musik, Hörbuch, Vokabelheft, Fachzeitschriften, Sudoku, Krimi etc.).

Das Zugbeispiel können Sie auch auf den beruflichen Kontext übertragen: Ein Liefertermin wurde nicht eingehalten. Ärgerlich. Der Ärger nutzt Ihnen im Moment jedoch nichts, den anderen auch nicht. Gehen Sie körperlich gegen die Anspannung an und überlegen Sie, was Sie jetzt sinnvollerweise tun können. Der Theologe Reinhold Niebuhr fasste seinen Wunsch nach Gelassenheit in unabänderlichen Situationen in folgendes Gebet.

> „O Gott, gib uns die Gnade, mit Gelassenheit die Dinge zu akzeptieren, die man nicht ändern kann, den Mut, die Dinge zu ändern, die man ändern kann, und die Weisheit, das eine vom anderen zu unterscheiden."

Die Konzentration auf das sinnvoll Machbare und der bewusste Verzicht auf sinnlosen Ärger helfen, die herausfordernde Situation möglichst gut zu meistern.

Ärger als Anlass, Dinge zu ändern

„Gib uns den Mut ..., die Dinge zu ändern, die man ändern kann": Ärger macht mutig und gibt Energie. Um ein konstruktives Ergebnis unserer Änderungswünsche zu erreichen, müssen wir jedoch in der Lage sein, die Energie des Ärgers reguliert zu nutzen. Cholerische, wütende Menschen erzielen keine guten Gesprächsergebnisse. Im schlimmsten Fall nimmt man sie nicht ernst und wartet einfach, dass der Anfall vorübergeht – wie ein Gewitter. Wenn Sie sich über Dinge ärgern, die man ändern kann, können Sie den Ärger nutzen, um den Entschluss zu fassen, etwas dagegen zu tun. Die Strategie, wie Sie das Projekt angehen, müssen Sie allerdings in Ruhe entwickeln, ebenso wie Sie sie überlegt und mit klarem Kopf durchführen sollten. Geht es um Menschen und ihr Verhalten, so werden Sie das Gespräch suchen. Weil es nicht ganz einfach ist, Kritik- und Konfliktgespräche gleichermaßen zielorientiert und konstruktiv durchzuführen, gibt es viele Seminare zu dieser Thematik. Dort haben Sie die Möglichkeit, Ihre Durchsetzungs- und Kooperationsfähigkeit zu erproben und weiterzuentwickeln. Wie z. B. Frau Menzel ein solches Gespräch begonnen hat, können Sie auf Seite 46 f. nachlesen.

Änderungen erzielen durch Gespräche

- Bereiten Sie Kritik- und Konfliktgespräche gut vor.
- Beziehen Sie die vermutete Perspektive des Gesprächspartners in die Vorbereitung mit ein.
- Führen Sie niemals ein solches Gespräch in akutem Ärger – sonst werden Sie garantiert scheitern.
- Führen Sie das Gespräch ziel- und zukunftsorientiert: Wie soll es in Zukunft sein? Nehmen Sie die ärgerliche Situation nur als Anlass, um verbindliche Abmachungen für die Zukunft zu treffen.
- Missbrauchen Sie die Energie des Ärgers nicht dazu, um andere zu beschimpfen oder ihnen Vorwürfe zu machen, sondern um Ihre Entschlossenheit zu stärken, eine gute Regelung für die Zukunft zu finden. Ärger hilft, Grenzen aufzuzeigen. Das geht auch konstruktiv durch Beharrlichkeit und Entschlossenheit.
- Arbeiten Sie mit konstruktiven Gesprächstechniken (siehe auch den TaschenGuide *Gesprächstechniken*).

Verantwortung für die eigenen Gefühle übernehmen

In vielen Ärgersituationen gibt es mehrere Wege, die Sie einschlagen können. Auch wenn jemand Sie absichtlich provoziert, ist es letztlich Ihre Entscheidung, sich auch tatsächlich zu ärgern. Sie können sich genauso entscheiden, sich nicht provozieren zu lassen. Warum sollten Sie einem anderen die Macht über Ihre Gefühle übertragen? Oft dienen Provokationen dazu, Sie von Ihrem Ziel abzubringen. Wenn Sie sich von Ihrem Ärger überwältigen lassen, hat der andere gute Chancen, dass ihm das gelingt.

Beispiel: Zinédine Zidanes Kopfstoß

Erinnern Sie sich an das Finale der Fußballweltmeisterschaft 2006 – Frankreich gegen Italien? Wie konnten die Italiener einen der stärksten französischen Spieler ausschalten? Nicht technisch, sondern emotional, denn er war bekannt für seinen Jähzorn. Es reichte, mehrmals an ihm vorbeizulaufen und ihm Beleidigungen zuzurufen. Er, unfähig, seine Gefühle zu regulieren und seinen Verstand in dieser emotionalisierten Situation zu nutzen, drehte durch und rammte dem Provokateur den Kopf in den Bauch. Der Schiedsrichter schickte ihn vom Platz. Die Franzosen, geschockt und nur noch zu zehnt, verloren. Die Rechnung der Italiener mit den unkontrollierten Gefühlen des Gegners war aufgegangen.

In vielen Gesprächen und Verhandlungen bauen andere bewusst oder unbewusst auf die unkontrollierten Gefühle der anderen – vor allem gerade dann, wenn ihre eigene Position schwach ist und sie verleitet, auf unfaire Mittel zurückzugreifen. Dagegen können Sie sich nur schützen, wenn Sie selbst die Verantwortung für Ihre Gefühle übernehmen. Wie hätte das im Fall Zidane aussehen können?

Beispiel: Die Reaktion nach einem EI-Training

Gefühle lassen sich über die eigenen Gedanken/Selbstgespräche steuern. Den ersten Impuls, die Empörung, kann Zidane auch jetzt nicht verhindern; nun ist entscheidend, was er in seinen Selbstgesprächen daraus macht. Er sagt sich nicht: „Dieser Idiot, was fällt dem denn ein? Meine Mutter beleidigen! Ich glaub, der braucht eine Abreibung ..." Sondern: „Warum macht er das? Warum provoziert er mich? Aaah, er will mich austricksen. Sie fürchten mich. Ja, ja, sie haben Angst, dass sie verlieren. Zu Recht. Kommt nur, euch werden wir's zeigen. Ihr habt Angst vor meinen Toren? Okay, dann zittert mal schön, gleich ist es so weit. Schwache Nummer, die ihr da bringt. Könnt ihr nicht einfach richtig Fußball spielen? Braucht ihr solche miesen Tricks? Nicht mit mir. Das könnt ihr in Italien machen."

Auch im zweiten Selbstgespräch ist die mit Ärger einhergehende Aggression noch spürbar. Aber sie wird produktiv genutzt und schadet weder Zidane noch seinem Gegner. Sie ist spiel- und zielorientiert. Er durchschaut die Strategie des Gegners und lässt ihn ins Leere laufen. Er verkehrt die Absicht des anderen ins Gegenteil, zieht Kraft aus der Provokation und entlarvt sie als das, was sie ist: als Schwäche. Das ermutigt ihn und erhöht seine Lust, sich für seine Sache einzusetzen.

Diese Technik, die eigenen Gefühle mittels Selbstgesprächen zu steuern, nennt man Selbstgesprächsregulation. Das Selbstgespräch ist entscheidend für die Entwicklung eines Gefühls und die daraus folgenden Handlungen – privat, im Job, auf dem Fußballplatz oder wo auch immer. Für die Gespräche mit sich selbst können Sie die Verantwortung übernehmen. So bleiben Sie die Chairperson Ihrer selbst.

Umgang mit Angst

Ärger ist ein Gefühl, das sich häufig spontan einstellt und situationsabhängig ist. Das kann auch bei Angst der Fall sein. Oft sind Ängste jedoch ziemlich treue Begleiter und nicht im eigentlichen Sinne überraschend. Sie kennen meist die Situationen, die Sie versunsichern und ängstigen.

Angst in ihrer ursprünglichen Form ist ein sinnvolles Schutzinstrument. Sie macht uns auf Gefahren aufmerksam und soll uns davon abhalten, Risiken einzugehen, die unsere Gesundheit oder unser Leben zu gefährden. So hindert uns Angst daran, zu hoch zu klettern, zu weit hinauszuschwimmen oder zu schnell zu fahren. Funktioniert dieser Mechanismus nicht, läuft man Gefahr, zum Opfer seiner mangelnden Angst zu werden (z. B. einen Verkehrsunfall wegen überhöhter Geschwindigkeit zu verursachen). Von dieser so genannten Existenzangst unterscheidet man Leistungs- und Sozialangst.

Die Angst zu versagen

Sie kennen sicher das unangenehme Gefühl der Angst, in einer bestimmten Situation zu versagen. Man befürchtet, den gestellten Ansprüchen nicht gewachsen zu sein. Insbesondere als ängstigend erlebt wird die Gefahr einer negativen Bewertung, die eine Selbstwertbedrohung darstellt, wie es emotionspsychologisch heißt. Die Angstsymptome können genauso heftig sein wie die in existenziell bedrohlichen Situationen. Im Gegensatz zur Existenzangst schützen diese Angstgefühle jedoch nicht unbedingt. Motiviert uns die Angst zu guter Vorbereitung und können wir sie in der entscheidenden Situation unter Kontrolle halten, so ist sie nützlich. Lähmt und entmutigt uns diese Angst jedoch und ist sie nicht zu regulieren, so kann sie Versagen mit auslösen (siehe Seite 69 ff.).

Die Angst vor Blamage

Damit verwandt ist die Angst, sich in sozialen Situationen zu blamieren. Die Angst kann sich in Form von Verlegenheit, Scham, Schüchternheit oder Lampenfieber äußern. Neu in eine fremde Gruppe zu kommen, eine Kundenpräsentation, der Smalltalk beim Neujahrsempfang – das sind Situationen, die manche als Horror empfinden. Auch hier kann der Körper durchaus mit heftigen Angstsymptomen reagieren, wie einer Einschränkung der Denk- und Redefähigkeit, Erröten, Schwitzen, Übelkeit, Kurzatmigkeit oder rasendem Puls.

Wenn die Angst lähmt

Es leuchtet ein, dass nicht die Situation selbst der Auslöser für solche heftigen körperlichen Symptome ist, sondern die Bewertung dieser Situation und die befürchteten Folgen für Sie selbst (Selbstwertbedrohung). Hält sich die Angst im Rahmen, sodass Sie handlungsfähig bleiben und sich Ihr Unwohlgefühl nach der ersten Aufregung legt, können Sie gut damit leben. Nach mehreren positiv gelaufenen Ereignissen dieser Art kann die Angst sogar völlig verschwinden. Übernimmt sie jedoch das Kommando und sind die körperlichen Symptome und Beeinträchtigungen stark belastend, so sollten Sie sich auf die Suche nach den Auslösern machen. Fündig wird man oft in den eigenen Selbstgesprächen und Gedanken. Deren Inhalte sind in der Regel Angstverstärker.

Angstgefühle regulieren

Auf drei Ebenen kann man ansetzen, um Angstgefühle zu regulieren und Leistungs- und Sozialangst zu mindern:

1. Kognitive Ebene: Sie nehmen Einfluss auf Ihre Gedanken/Selbstgespräche; Sie üben konstruktive, unterstützende Selbstgespräche ein; Sie nehmen eine realistische Situationseinschätzung vor.
2. Behaviorale Ebene: Sie beeinflussen Ihr Verhalten; Sie üben die in der Situation nötigen Techniken und Abläufe ein (z. B. freies Sprechen, Präsentieren, Smalltalk, Vorstellungsgespräch; beim Sport Bewegungsabläufe, etwa Elfmeterschießen).
3. Physiologische Ebene: Sie nehmen Einfluss auf die körperlichen Prozesse; Sie vertiefen die Atmung, lockern und entspannen die Muskulatur.

Beispiel: Herr Noll bewältigt seine Präsentationsangst

Lesen Sie noch einmal das Beispiel auf Seite 13. Die Gedanken, die Herrn Noll durch den Kopf schießen, lösen Stress aus. Dem Körper wird suggeriert, dass etwas Gefährliches bevorsteht, sodass er entsprechend reagieren muss. Wenn Herr Noll lernt, seine Gefühle durch Selbstgespräche zu steuern, könnte er den spontan auftauchenden Gedanken beruhigende Antworten geben; z. B. spontaner Gedanke: „Was tue ich, wenn sie uns den Auftrag nicht geben, weil ich es nicht richtig vermitteln kann?" – Antwort: „Ich werde mich gut vorbereiten und die für sie wichtigen Punkte deutlich machen. Eine hundertprozentige Erfolgsgarantie gibt es nie. Aber unsere Chancen sind gut." Spontaner Gedanke: „Bestimmt verhasple ich mich wieder." – Antwort: „Ich verhasple mich manchmal, na und? Entscheidend ist, dass die Kunden die Vorteile unseres Angebots verstehen. Ob ich einen Satz zweimal anfange, ist dabei völlig irrelevant. Ich werde die Argumente gut vorbereiten und ein schönes Handout machen." Spontaner Gedanke: „Ich kann sicher nicht alle Fragen beantworten." – Antwort: „Stimmt. Niemand kann alle Fragen beantworten. Wenn eine Frage kommt, die ich nicht beantworten kann, werde ich sagen: ..." Spontaner Gedanke: „Warum nimmt er nicht den Mayer? Warum kriege ausgerechnet ich diese schwierige Aufgabe?" – Antwort: „Er traut mir was zu. Das ist gut. Zum Kunden schickt man gute Leute. Ich werde diese Chance nutzen."

Die Strategie im Umgang mit Angst ist nicht, alles schönzureden. Autosuggestionen („Ich bin ein Ass. Ich bin ein fantastischer Redner. Es wird alles gut.") basieren nicht auf der Realität. Sie helfen Ihnen nicht, in der Wirklichkeit auftauchende Schwierigkeiten zu bewältigen.

Angst reduzieren am Beispiel Präsentation

- Nehmen Sie die Aufgabe als die Ihre an. Z. B. „Ich möchte diesen Kunden mit der Präsentation gewinnen." Aber nicht: „Mein Chef hat gesagt, ich muss präsentieren." Mit dieser Haltung machen Sie sich zum Opfer. Opfer wirken aber selten souverän und überzeugend.
- Gehen Sie die Situation spielerisch an. „Mal sehen, wie's wird, wenn ich es soundso mache ..."
- Nehmen Sie Ihre Angst vor Missgeschicken ernst. Verdrängen Sie sie nicht, sondern planen Sie Pannen ein und überlegen Sie, was Sie in diesem Fall tun werden. Also: „Wenn ich einen Punkt vergessen habe, werde ich sagen: „Ich möchte einen wichtigen Aspekt ergänzen."
- Akzeptieren Sie Ihre Unvollkommenheit. Nehmen Sie sich vor, die Aufgabe zu meistern, so wie Sie sind. „Ich bin ein

Typ, der schnell rot wird, aber das ist für die Qualität eines Vortrags nebensächlich. Dann halte ich den Vortrag eben in Rot." – „Ich wirke manchmal sehr zurückhaltend. Dafür finden die Leute oft gut, dass ich klar strukturiere und das Wesentliche auf den Punkt bringen kann."

- Bereiten Sie sich gut auf die Situation vor. Das gibt Ihnen Sicherheit.
- Vermeiden Sie Selbstbeschimpfungen und Zweifel („Ich habe ja keine Ahnung, das bringt doch nichts."). Üben Sie stattdessen wahrheitsgemäße, unterstützende Sätze ein, z. B. „Ich habe den Vortrag strategisch gut vorbereitet, ich kenne den Kunden gut, ich weiß, wie ich mit schwierigen Situationen umgehe. Gute Voraussetzungen also!"
- Erinnern Sie sich an Situationen, in denen Sie bereits erfolgreich waren.
- Besuchen Sie praxisorientierte Seminare, in denen Sie hilfreiche Techniken erlernen und sich im geschützten Rahmen erproben können.
- Üben Sie das, was Sie vortragen/präsentieren müssen, und gehen Sie es entspannt im Sessel sitzend gedanklich durch.
- Erlernen Sie Techniken zur Vertiefung und Beruhigung der Atmung und zur Entspannung der Muskulatur.
- Nehmen Sie es mit Humor, wenn etwas schief geht. Lachen entspannt Sie und das Publikum.

Hilfe bei starken und unkontrollierbaren Ängsten

Bei der Bewältigung von Ängsten hilft das Wegschieben von Befürchtungen genauso wenig wie das Schönreden von Schwierigkeiten. Hilfreich ist die bewusste Auseinandersetzung mit den eigenen Befürchtungen und die gezielte Entwicklung von Strategien, die Sicherheit und Gelassenheit fördern. Allerdings lassen sich nicht alle Ängste ohne fremde Hilfe in den Griff bekommen. Manche verunsichernden und belastenden Gefühle haben sich tief eingeprägt und entziehen sich dem direkten Zugriff. Deshalb lassen sich auch Profis in Sport, Kunst, Wirtschaft und Politik coachen, wenn sie an ihre Grenzen stoßen.

Die Erfolge bei der therapeutischen Behandlung von Angststörungen sprechen für sich. Bei länger anhaltenden, nicht von Ihnen zu beeinflussenden Ängsten ist es deshalb empfehlenswert, sich therapeutische Hilfe zu nehmen. Gleiches gilt für belastende Probleme mit Gefühlen, die im Rahmen dieses TaschenGuides nicht angesprochen werden können, z. B. Depressionen. Die Arbeit an beeinträchtigenden Gefühlen wird sich in jedem Fall positiv auf Lebensqualität, Gesundheit und Leistungsfähigkeit auswirken.

Schlechte Stimmung?

Nach allem, was Sie bisher gelesen haben, können Sie die Essenz dieses Kapitels selbst folgern: Sie haben Einfluss auf Ihre Gefühle, also haben Sie auch Einfluss auf Ihre Stimmungen und sind Ihnen – vor allem den negativen – nicht wehrlos ausgeliefert. Stimmungen wirken sich auf Ihr Wohlbefinden und Ihre Denkfähigkeit aus. Bei Schmerzpatienten etwa besteht ein enger Zusammenhang zwischen Stimmung und Intensität des gefühlten Schmerzes – schlechte Stimmung führt zu verstärktem Schmerzempfinden. Es dürfte folglich interessant sein zu lernen, die eigene Stimmung gezielt positiv zu beeinflussen.

Aktive Gegenmaßnahmen

Dabei geht es nicht darum, schlechte Stimmungen und Gefühle abzuschaffen. Sie sind wie Schmerz wichtige Hinweisgeber Ihres Körpers darauf, dass etwas nicht stimmt. Es wäre gefährlich, auf diese Signale verzichten zu wollen. Negative Gefühle können helfen, Erfahrungen zu verarbeiten (z. B. Trauer) und aus ihnen zu lernen (z. B. Enttäuschung nach Misserfolg). Sie können schlechte Gestimmtheit aber auch als Impuls aufgreifen, um aktiv dafür zu sorgen, dass es Ihnen wieder besser geht. Wenn Sie dies üben möchten, werden Ihnen die Aufzeichnungen Ihres Gefühlsprotokolls (siehe Seite 96 f.) helfen. Sie zeigen Ihnen, welche Umstände und Handlungen welche Gefühle bei Ihnen auslösen, was Ihre Stimmung hebt oder verschlechtert. Bleibt nur noch der nächste Schritt zu tun: Ihre Zeit und Tätigkeiten bewusst so zu gestalten, dass sich Belastung und beglückende, Kraft spendende Momente die Waage halten.

Ein Plus auf dem Glückskonto

Vermutlich wünschen auch Sie sich, dass auf Ihr Bankkonto mindestens so viel eingezahlt wird, wie Sie ausgeben. In der Summe sollten schwarze Zahlen dastehen. Ähnlich ist es bei

Gefühlen. Der Körper strebt nach Wohlbefinden. Er registriert, was passiert, und bewertet es. Was dabei von Ihrem Organismus als Plus auf Ihrem Energie- und Glückskonto angesehen wird, können Sie am besten selbst herausfinden. Ihr Protokoll hilft Ihnen auch, nur scheinbare Glücksbringer zu entlarven, z. B. starken Alkoholkonsum, suchtähnliches Spiel, übermäßiges Essen/Schlafen/Fernsehen oder Drogen. Diese führen nach Abflauen der erst positiven Wirkung insgesamt zu einer Verschlechterung des Befindens.

Machen Sie sich auf die Suche nach dem Glück

Im Märchen ziehen die Helden in die Welt hinaus, um ihr Glück zu machen. So weit müssen wir oft gar nicht gehen. Ihr Gefühlsprotokoll kann Ihnen helfen, echte Energie- und Glücksspender zu entdecken und herauszufinden, was Ihnen gut tut. Suchen Sie gezielt nach Momenten und Tätigkeiten, die Sie beglücken. Lernen Sie, sie zu erkennen, zu genießen und verstärkt in Ihren Alltag zu integrieren. Gelingt Ihnen das, so haben Sie das nötige Handwerkszeug, um aktiv gegen schlechte Stimmungen angehen zu können. Es gibt allerdings auch wissenschaftliche Erkenntnisse darüber, welche Tätigkeiten und Umstände unser Wohlbefinden und unsere Zufriedenheit fördern. Übrigens: Wenn Sie mehr erfahren möchten über das Glück und darüber, wie man es findet, lesen Sie den TaschenGuide *Glück*.

Rezeptfrei: Glücksfördernde Faktoren

- Körperliche Aktivität beschwingt und beglückt. Regelmäßige Bewegung (z. B. Sport) hebt Ihre Grundstimmung und hilft, Stresshormone abzubauen.
- Freundschaft, Liebe und positive familiäre Bindungen steigern die Lebenszufriedenheit. Studien belegen, dass befriedigende soziale Kontakte die Lebenserwartung stärker beeinflussen als gesundheitliche Faktoren.
- Positiv erlebte sexuelle Begegnungen sind mit der Ausschüttung so genannter Glückshormone verknüpft, deren Wirkung längere Zeit anhält.
- Aktivität macht glücklicher als Nichtstun. Neigt jemand zum Grübeln und macht sich gern Sorgen, so ist er in Zeiten des Nichtstuns stärker davon betroffen. Wenn man sich ein realistisches Ziel setzt, kommt Vorfreude auf. Erreicht man es (und sei es nur, dass der Schreibtisch aufgeräumt ist), so erlebt man Befriedigung. Deshalb führt freiwillige Aktivität, z. B. auch ehrenamtliche Arbeit, meist zu guten Gefühlen.
- Regulieren von negativen Gefühlen wie Ärger, Angst und Sorgen bessert die Grundstimmung.
- Abwechselnde Genüsse bessern die Laune. Überlegen Sie sich, wie und womit Sie sich (auch zusammen mit anderen) eine Freude machen können – und tun Sie es auch.
- Natur, frische Luft und natürliches Licht (selbst bei Wolken!) wirken sich positiv auf die Stimmung aus.

Gefühle angemessen ausdrücken

Gefühle lassen sich vielfältig ausdrücken – künstlerisch, sprachlich, durch eine Geste oder Handlung. Worte sind manchmal nur ein unbeholfenes Mittel, die eigenen Empfindungen adäquat zu „übersetzen". Dies ist sicherlich ein Grund, warum Kunst – Bilder, Musik, Poesie – über Jahrtausende und alle Kulturen hinweg so populär war und ist. Sie kann ausdrücken, was schwer in Worte zu fassen ist. Trotzdem ist für uns im Alltag – gerade auch im Beruf – die Sprache das wesentliche Mittel, die eigenen Gefühle zum Ausdruck zu bringen und uns mit anderen zu verständigen.

In Worte gefasst

Wenn Sie es nicht gewöhnt sind, Ihre Gefühle anderen mitzuteilen, können Sie sich selbst als Adressaten für Ihre Versuche heranziehen. Schreiben Sie auf, was Sie empfinden, und versuchen Sie auch in Ihren inneren Selbstgesprächen passende Ausdrücke für Ihre Gefühle zu finden. Nach einiger Zeit wird es Ihnen leichter fallen, Gefühle in Worte zu fassen und auch Nuancen deutlich zu machen. Der Ausdruck von Gefühlen entlastet und fördert das seelische Gleichgewicht. Warum dies so ist, weiß man bisher nicht: Mit der Beschreibung eines belastenden Gefühls ist das dahinter stehende Problem schließlich noch nicht gelöst. Dennoch hat schon allein das Mitteilen von Gefühlen klärende und stabilisierende Wirkung.

Offensichtlich besitzt das Sprichwort „Geteiltes Leid ist halbes Leid" nach wie vor Gültigkeit. Unter anderem deshalb haben auch Foren im Internet (Chatrooms, Blogs) einen solchen Zulauf. Sie stellen für viele Menschen einen Schutzraum dar, in dem sie ungefährdet ihre Gefühle mit anderen teilen können und auf Resonanz und Verständnis stoßen. Für Gläubige kann auch ein Gebet eine solche Wirkung haben.

Persönliche Formulierungen finden

Wenn Sie Worte für Ihre Gefühle finden wollen, sollten Sie vorzugsweise persönliche Formulierungen wählen. Vermeiden Sie allgemeine, unpersönliche Wendungen wie: „Er grinste. Das war unverschämt. War echt eine blöde Situation." Versuchen Sie die Wirkung auf sich selbst zu beschreiben; dafür gebrauchen Sie Formulierungen, in denen „ich", „mir" oder „mich" vorkommt. „Er grinste. Das fand ich ziemlich unverschämt. Mir fiel nichts ein, was ich hätte sagen können. Am liebsten hätte ich ..." Persönliche Texte, z. B. Interviews, Autobiografien oder Liedtexte sind eine wahre Fundgrube für den Ausdruck von Gefühlen. Setzen Sie eine Zeitlang beim Lesen Ihre „Gefühlsbrille" auf und spüren diese Stellen auf. Welche Worte finden andere für ihre Gefühle? Passen sie zu Erfahrungen, die auch Sie gemacht haben? Sie können sich auf diese Art und Weise Inspiration für Ihren eigenen Gefühlswortschatz holen.

Beispiel: Worte für Gefühle der Traurigkeit/Freude

Ich bin traurig, enttäuscht, bedrückt, betrübt, niedergeschlagen, unglücklich, bekümmert, gekränkt, deprimiert ... Ich fühle mich ausgeliefert, einsam, angegriffen, verletzt, leer, elend ... Ich vermisse, sehne mich nach ... Ich freue mich, bin stolz, könnte alle umarmen vor Freude ... Ich fühle mich gut, stark, leicht, wunderbar, fantastisch ... Ich bin glücklich, froh, happy, guter Dinge ....

Auch in der Umgangssprache sollten Sie versuchen, persönliche Formulierungen zu finden; also statt: „Das war total genial!" lieber: „Ich fand's total genial!" Persönliche Formulierungen mit „ich", „mir" und „mich" stellen den direkten Kontakt zu Ihrem persönlichen Empfinden her.

Übungsfeld positive Gefühle

Sich anderen Menschen im direkten Kontakt mit seinen Gefühlen zu zeigen, stellt eine größere Hürde dar, wenn man es nicht von Kindheit an gewöhnt ist und durch die tägliche Praxis in der Familie gelernt hat. Da der Mensch jedoch bis zu seinem Tod lern- und veränderungsfähig ist, wird er immer wieder Neues ausprobieren und sich von positiven Erfahrungen überzeugen lassen. Dies gilt auch für den Umgang mit Gefühlen. Wenn Sie also den Entschluss fassen, in bestimmten Situationen Ihre Gefühle freizügiger auszudrücken und mitzuteilen als bisher, so können Sie sofort damit beginnen. Zum Üben gut geeignet und weitestgehend ungefährlich ist der Ausdruck von positiven Gefühlen.

Nehmen Sie wahr, was Ihnen gefällt, Sie gefreut, Ihnen gut getan hat – und zeigen Sie es. Oft höre ich Klagen von Seminarteilnehmern, dass sie im Job selten Rückmeldungen darüber bekommen, dass sie etwas gut machen. Aber wehe, ihnen unterläuft einen Fehler. Dann findet sich immer jemand, der sie rügt. Es besteht ganz allgemein ein Bedürfnis nach positiver Rückmeldung. Insofern eignet sich der Ausdruck positiver Gefühle in der Regel gut als Übungsfeld.

Beispiel: Worüber ich mich freue ...

„Ich fand's echt super, dass du mir die Sachen noch geschickt hast. Hat mich sehr gefreut! Danke!" – „Frau Müller, ich fand Ihre Präsentation sehr gut aufgemacht. Ich habe mich nicht eine Minute gelangweilt." – „Ich freue mich, dich zu sehen! Schön, dass du es doch noch geschafft hast." – „Herr Huber, Sie sind jetzt sechs Monate bei uns. Es freut mich außerordentlich, dass Sie in unsere Abteilung gekommen sind. Ich erlebe Sie als wirkliche Bereicherung für unser Team." – „Ich finde es wunderbar, wie Sie es schaffen, die Kinder zu begeistern. Ich bin froh, dass unser Leon Sie als Lehrerin hat."

Sie sehen an den Beispielen, dass es auch hier wichtig ist, persönliche Formulierungen für Ihre Gefühle zu finden. Sagen Sie nicht: „Die Präsentation war sehr gut" (das klingt eher herablassend), sondern: „Mir hat Ihre Präsentation sehr gut gefallen."

Gefühle (mit)teilen

Schön wär's, wenn wir nur positive Gefühle mitzuteilen hätten. Enttäuschungen, Befürchtungen und Ärger gehören für viele jedoch gleichermaßen zum beruflichen Alltag. Statt sie zu verdrängen, aufzuschieben oder indirekt auszudrücken, sind hier offene Worte oft hilfreich.

Beispiele: Ausdruck negativer Gefühle im Beruf

Enttäuschung: „Wir hatten uns letztes Jahr über meine Aufstiegsmöglichkeiten in der Abteilung unterhalten. Sie hatten mir damals in Aussicht gestellt, dass ich bei nächster Gelegenheit die Leitung eines Projekts übernehmen könne. Jetzt habe ich erfahren, dass Herr Renz die frei werdende Projektleiterstelle bekommt. Sie können sicher verstehen, dass ich deswegen nicht nur *überrascht* bin, sondern auch *enttäuscht*. Ich wüsste gern, wie es zu dieser

Entscheidung kam, und möchte auch nochmals mit Ihnen über meine Entwicklungsmöglichkeiten in der Firma sprechen."

Befürchtung: „Mir ist aufgefallen, dass wir uns auf unseren Meetings meist nur mit den akut drängenden Problemen befassen. Ich habe mittlerweile die *Befürchtung*, dass wir durch die Konzentration aufs Alltagsgeschäft den Blick für das Ganze verlieren und versäumen, rechtzeitig die Weichen für die Zukunft zu stellen. Ich möchte vorschlagen, dass wir einen zukunftsorientierten Workshop abhalten ..."

Ärger: „Michael, als wir heute morgen bei Herrn Zander waren, hast du mehrmals Fragen beantwortet, die eigentlich an mich gerichtet waren. Ich hatte den Eindruck, dass du das Gespräch an dich reißen wolltest, obwohl ich die Verantwortliche für das Projekt bin. Ich habe mich darüber *sehr geärgert*. Ich wollte das nicht vor dem Kunden austragen, aber jetzt möchte ich es mit dir klären ...".

Obwohl es um unterschiedliche Themen und Gefühle geht, gibt es Parallelen im Aufbau der Aussagen. Sie folgen Regeln, die sich für den sprachlichen Ausdruck von Gefühlen bewährt haben. Dabei geht es nicht nur um den klaren und verständlichen Ausdruck dessen, was man fühlt, sondern auch um die Suche nach Klärung, Lösung und Verbesserung.

Negative Gefühle äußern

- Beschreiben Sie, worum es geht bzw. was Sie beobachtet haben. Benutzen Sie Formulierungen wie: „Mir ist aufgefallen", „Ich habe/hatte den Eindruck" usw. Sie machen deutlich, dass es sich dabei um Ihre Sicht der Dinge handelt.
- Machen Sie die (möglichen) Folgen deutlich.

- Drücken Sie direkt aus, welche Gefühle das in Ihnen auslöst. Benutzen Sie dabei persönliche Formulierungen. Nicht: „Das war sehr ärgerlich", sondern: „Darüber habe ich mich sehr geärgert." Bekennen Sie sich zu Ihren Gefühlen.
- Vermeiden Sie direkte Angriffe. Sie verhindern eine konstruktive Lösungsfindung. Sagen Sie nicht: „Sie haben mich hintergangen", sondern: „Ich fühle mich von Ihnen in dieser Angelegenheit nicht fair behandelt."
- Seien Sie offen für die Perspektive des anderen. Gehen Sie nicht davon aus, dass Sie per se Recht haben. Seien Sie neugierig, wie der andere die Sache sieht.
- Nutzen Sie das Gespräch, um Vereinbarungen für zukünftige Situationen zu treffen. Negative Gefühle weisen Sie darauf hin, dass aus Ihrer Sicht etwas anders sein sollte. Machen Sie sich nicht zum Opfer oder spielen Sie die „beleidigte Leberwurst". Nutzen Sie den Impuls Ihrer Gefühle, um sich für Verbesserungen einzusetzen.
- Formulieren Sie, was Sie sich wünschen. Machen Sie Vorschläge und setzen Sie sich für Ihr Anliegen ein.

Die Gefühle der anderen

Ob Sie die Gefühle der anderen wahrnehmen, hängt nicht nur von Ihrer Übung und Erfahrung ab, sondern auch von Ihrer Aufmerksamkeit. Genauso, wie Sie sich auf die Überprüfung der Logik einer Aussage konzentrieren, können Sie auch ihren gefühlsmäßigen Gehalt in den Fokus nehmen. Dabei geht es nicht um ein Entweder-oder: Umfassendes Verständnis für die Denkweise und Absichten anderer erlangen Sie nur, wenn Sie sowohl die Inhalte als auch die damit verbundenen Gefühle für den anderen in Ihren Blick nehmen. Alle Inhalte sind gefühlsmäßig verknüpft, weil das Gehirn nichts unbewertet abspeichert. Sie bringen sich eventuell um entscheidende Informationen, wenn Sie die Emotionen Ihres Gesprächspartners außer Acht lassen.

Die eigene Wahrnehmung schulen

Es bieten sich Ihnen viele Übungsgelegenheiten, wenn Sie die Gefühle anderer wahrnehmen und verstehen wollen. Sie können Ihre Wahrnehmung an Bildern oder im Kontakt mit anderen schulen, bei alltäglichen Begegnungen mit Fremden, mit Ihrer Familie, bei Meetings.

Genauso, wie Sie beim Wahrnehmen der eigenen Gefühle kurz innehalten und sich auf Ihr inneres Empfinden konzentrieren, arbeiten Sie auch bei der Wahrnehmung der Gefühle von anderen. Sie lenken für kurze Zeit Ihre Aufmerksamkeit nur auf diesen einen Punkt: Wie fühlt er sich? Wie findet sie das? Welchen Eindruck macht er auf mich? Wie klingt das? Wenn die andere Person Ihnen nicht explizit sagt, was sie empfindet, wird die Antwort für Sie immer vage bleiben. Denn nur aus den nonverbalen Signalen der anderen können Sie keine absolute Gewissheit über ihre Empfindungen gewinnen.

Übung: Gefühle und Stimmungen anderer wahrnehmen I

Wenn Sie durch Zeitungen blättern oder fernsehen, lenken Sie kurz Ihre Aufmerksamkeit auf die Person, die Sie sehen. Fragen Sie sich: Was drückt ihr Gesicht, ihre Haltung aus? Wie fühlt sie sich in diesem Moment wohl? Wirkt es echt? Bei Talkshows können Sie Veränderungen beobachten. Wie reagiert die Person (nonverbal) in dem Moment, in dem jemand anders etwas sagt? Wie findet sie das? Welches Gefühl löst es bei ihr aus: Interesse, Verwunderung, Gleichgültigkeit, Zweifel, Verärgerung, Spott ...?

Sie werden Ihre Antworten nicht überprüfen können, aber Sie schulen sich auf diese Weise darin, Ihre Aufmerksamkeit auf den gefühlsmäßigen Ausdruck einer Person zu fokussieren.

Übung: Gefühle und Stimmungen anderer wahrnehmen II

Oft gehen wir mit unseren Anliegen schnurstracks durch die Welt: „Ich möchte Brötchen kaufen", „Ich will die Kalkulation meines Kollegen" etc. Versuchen Sie eine Zeitlang einmal, die Person, an die Sie sich wenden, bewusst in Augenschein zu nehmen – und zwar, bevor Sie Ihr Anliegen äußern. Wie sieht der andere heute aus? Wie fühlt er sich wohl? Versuchen Sie Gesicht, Haltung, Tonfall, Wortwahl Hinweise darauf zu entnehmen.

Perspektivenwechsel

In Gesprächen haben Sie die Möglichkeit, Ihren Eindruck zu überprüfen, indem Sie ihn in Worte fassen. Dies ist oft ein Mittel, hinter die Fassade zu schauen und ein tieferes Verständnis für die Perspektive des anderen zu bekommen.

Beispiel: Das eigene Gefühl überprüfen

Die Abteilungsleiterin, Frau Keller, hat einen Vorschlag gemacht. Ihr Mitarbeiter zieht die Augenbrauen ein wenig zusammen und nickt: „Okay." Ihr Gefühl sagt ihr, dass er Vorbehalte hat – das entnimmt sie seinem Zögern, seinem Gesichtsausdruck. Sie testet ihre Wahrnehmung: „Ich habe den Eindruck, Sie sind noch nicht ganz überzeugt", oder: „Sie zögern", oder: „Was stört Sie an dem Vorschlag?"

Auch wenn Ihr Gegenüber keine Hinweise dazu gibt, was er empfindet und wie er zu etwas steht, können Sie ihn durch probeweises Formulieren aus einer anderen Perspektive heraus dazu animieren, etwas zu seinen Gefühlen zu sagen. Diese Methode ist meist effektiver als direktes Fragen. Sie ermöglicht Ihnen, sich ein Bild von der Haltung und dem Empfinden des anderen zu machen – Informationen, die oft auch für die sachliche Bearbeitung einer Thematik wichtig sind.

Beispiel: Zu Gefühlsäußerungen animieren

„Ich könnte mir vorstellen, dass diese Entscheidung für Sie nicht leicht ist." – „Stimmt, das ist nicht einfach für mich."

„Ich an Ihrer Stelle hätte mich sehr darüber geärgert. – „Na ja, ich war nicht direkt verärgert, eher überrascht. Ich hätte nie damit gerechnet."

„Das muss Sie doch in große Schwierigkeiten gebracht haben." – „Ja, wir haben die Kuh auch noch nicht vom Eis."

„Ich persönlich werde bei so etwas immer sehr schnell ungeduldig." – „Wissen Sie, für mich ist etwas anderes wichtig ...".

Sie werden sehen: Wenn Sie neben den Gedanken auch die Gefühle Ihres Gesprächspartners erfassen, wird es Ihnen besser gelingen, konstruktive Lösungen für Probleme zu finden – eine positive Folge emotionaler Intelligenz.

Training Emotionale Intelligenz

Das ist Ihr Nutzen

Keine Begegnung mit Menschen, keine Entscheidung, kein Geschäft erfolgt, ohne dass sich eine starke, prägende Kraft einmischt – unser Gefühl. Von Wissenschaft und Philosophie lange unterschätzt, wissen wir heute: Ohne Gefühl läuft gar nichts. Es arbeitet weitgehend unbemerkt im Hintergrund, hat aber weitreichende Wirkung. Es beeinflusst alles: unseren Körper, unser Denken, unsere Wahrnehmung, unser Handeln.

Wie können Sie das unermüdlich arbeitende Erkenntnis- und Steuerungssystem Ihrer Gefühle besser nutzen? Wie können Sie sich vor „Fehlfunktionen" oder Irrtümern schützen? Wie können Ihnen Gefühle helfen, Ihr Privatleben und im Beruf die Zusammenarbeit mit anderen befriedigender zu gestalten?

Die Beschäftigung mit dem eigenen Gefühlssystem ist eine Entdeckungsreise – Abenteuer, Aha-Erlebnisse, Glücks- und Krisenmomente inbegriffen. Viele Übungen dieses Buchs helfen Ihnen dabei, diese Erkenntnisse in Ihren Alltag zu integrieren. Freuen Sie sich darauf, die Intelligenz Ihres Gefühlssystems genauer zu erkunden!

Gefühlen auf die Spur kommen

In diesem Kapitel lernen Sie,

- sich mit allen Sinnen auf Ihren Körper zu konzentrieren,
- Ihre Gefühle wahrzunehmen,
- auch belastende Gefühle auszuhalten und als gewinnbringend zu akzeptieren.

Darum geht es in der Praxis

Wir können Gefühle nur dann wirksam als Orientierungshilfe nutzen oder – wenn nötig – korrigieren, wenn wir sie rechtzeitig erkennen. Nehmen wir Gefühle erst wahr, wenn sie zur Höchstform aufgelaufen sind, können wir sie nicht mehr beeinflussen. Wir sind ihnen dann ausgeliefert. Bei positiven Gefühlen kann das durchaus angenehme Effekte haben. Bei negativen Gefühlen entwickeln sich auf diese Weise unkontrollierbare Situationen mit nicht selten schädlichen Nachwirkungen. Bei lange anhaltenden negativen Gefühlszuständen sind oft Krankheit und Depression die Folge.

Kommen wir unseren Gefühlen aber rechtzeitig auf die Spur, können sie uns wertvolle Hinweise im Alltag geben. Wir können ihre positive Wirkung verstärken und mögliche emotionale Fehleinschätzungen korrigieren. Bestes Hilfsmittel für diese Früherkennung ist der Körper mit seiner Vielzahl an Empfindungen. Jedes Gefühl ist mit typischen körperlichen Mustern verbunden. Sie sind zuverlässige Zeichen, die uns helfen, unsere eigenen Gefühle in ihrer Frühform wahrzunehmen.

Mithilfe der Übungen dieses Kapitels können Sie die Wahrnehmung Ihres Körpers schulen, damit Sie Gefühle rechtzeitig richtig einschätzen können. Sie lernen anhand der Übungen, belastende und hilfreiche Gefühle ohne Bewertung zu erkennen und aus negativen Gefühlen das Beste zu machen.

Die Sprache des eigenen Körpers verstehen

Den Körper wahrnehmen Übung 1

Ihr Körper verändert sich dauernd und reagiert auf alles, was ihm begegnet. Beobachten Sie ihn eine Woche lang bei typischen Situationen und Tätigkeiten aus Ihrem Alltag. Notieren Sie, wie sich Ihr Körper anfühlt. Besonderheiten wie Spannung, veränderte Atmung, Schmerzen bemerken Sie in der Kommentarspalte der folgenden Tabelle. Sie können dabei Ihre innere Wahrnehmung auf „weit" einstellen, also das allgemeine Körpergefühl betrachten. Wie geht's mir? Wie fühlt es sich an? Sie können Ihre Wahrnehmung aber auch auf „eng" stellen und bestimmte körperliche Prozesse und Körperregionen in den Fokus nehmen:

- Die Muskelspannung. Fühlen Sie sich locker, entspannt? Ist die Muskulatur fest, so als würden Sie etwas halten?
- Die Atmung. Ist sie kurz, flach, eher im oberen Brustkorb angesiedelt? Ist sie ruhig, gleichmäßig? Bewegt sich beim Atmen auch die Taille, der Bauch?
- Der Puls. Spüren Sie Ihren Herzschlag? Spüren Sie Herzklopfen? Gibt es etwas, das Sie erregt?
- Ihr körperlicher Schwachpunkt. Die meisten Menschen haben eine Körperregion, die empfindlich reagiert.

Bewerten Sie Ihr körperliches Wohlgefühl in der folgenden Tabelle auf der Skala von 1 (sehr gut) – 5 (sehr schlecht).

Tätigkeit/Situation	Kommentar	1	2	3	4	5
Morgens im Bett						
Duschen/Körperpflege						
Bei Mahlzeiten						
Umgang mit Kindern						
Umgang mit Partner						
Weg zur Arbeit						
Am Arbeitsplatz						
In Pausen						
Mit Freunden						
Privat am PC						
Im Freien						
Hobbies						
Bei/nach Erotik/Sex						
Kontakt mit unangenehmen Menschen						
An Orten, die Sie nicht mögen						
An Orten, die Sie mögen						
Nach körperlicher Betätigung/Sport						

Körpersignale in emotionalen Situationen deuten — Übung 2

Sie haben Ihren Körper und seine Reaktionen in alltäglichen Situationen beobachtet. Nehmen Sie nun seine Signale in stärker emotional gefärbten Situationen wahr.

Variante 1: Suchen Sie sich einen ruhigen Platz, an dem Sie nicht gestört werden. Setzen/ legen Sie sich bequem hin, atmen Sie ruhig, entspannen Sie sich. Wenn Sie sich ruhig fühlen, erinnern Sie sich an eine Situation, in der Sie sich sehr geärgert haben. Stellen Sie sich die Situation sehr genau vor, als geschähe sie gerade. Beobachten Sie, was diese Erinnerung in Ihrem Körper für Symptome auslöst. Was verändert sich?

Variante 2: Es gibt immer wieder Situationen im Alltag, in denen eine Emotion plötzlich hochschießt. Jemand rempelt Sie an und entschuldigt sich nicht, Sie führen ein ärgerliches Telefongespräch, Ihr Partner hat schon wieder etwas getan/gelassen, was Sie aufregt ... Nutzen Sie den Ärger als Trainingsmöglichkeit und beobachten Sie, was Ihr Körper in solchen Situationen macht. Wie signalisiert er Ihnen Ärger? Wo spüren Sie was? Gleiches geht natürlich auch mit schönen Emotionen, wie z. B. Freude oder Zuneigung.

Praxistipp

Ihr Körper zeigt Ihnen, wie Sie zu etwas stehen, was Ihnen gut oder nicht gut tut. Wenn Sie sich Ihrer Gefühle aber nicht sicher sind, ist es die beste Lösung, zunächst die Aufmerksamkeit von Ihrer Umwelt abzuziehen und auf den eigenen Körper zu richten. Welche Empfindungen zeigen sich? Wo? Wie? Sinnvoll ist es, das Training auf verschiedene Tage verteilen. Die Variante 1 der Übung können Sie sehr gut auch in Leerlaufzeiten im Alltag praktizieren. Bei längeren Bahnfahrten, im Wartezimmer, im Ruheraum der Sauna ...

Übungsplan

Woche 1: Übung 1. Nehmen Sie sich ein Heft, tragen Sic die Tage Wochentage ein und notieren Sie Ihre körperlichen Empfindungen vor, bei und nach verschiedenen Tätigkeiten und Situationen, so dass Sie am Ende der Woche eine große Bandbreite von Empfindungen gesammelt haben.

Woche 2: Variante 1 der Übung 2. Für die Variante 1 der Übung überlegen Sie sich, welche Gefühle Sie gerne untersuchen und dadurch in Zukunft schneller und besser erkennen möchten (z. B. Ärger, Sorge, Freude, Angst, Stolz). Erstellen Sie einen Wochenplan, in dem Sie für jeden Übungstag 15 Minuten ungestörte Zeit einplanen. Die Zeit ist jeweils für ein Gefühl reserviert. Zum Beispiel Montag: Meine körperlichen Symptome bei Freude. Dienstag: Meine körperlichen Symptome bei Ärger. Notieren Sie Ihre Beobachtungen.

Woche 3: Variante 2 der Übung 2. Nutzen Sie jede Gelegenheit, bei der Sie stärkere Gefühle empfinden, zum Wahrnehmungstraining. Jemand ärgert Sie? Toll, kümmern Sie sich nicht weiter darum, sondern beobachten Sie Ihren Körper. Etwas freut Sie sehr? Klasse, schauen Sie, was in Ihrem Körper vor sich geht und prägen sich dieses Gefühl ein.

Sinne schärfen Übung 3

Eine einfache Möglichkeit, die Wahrnehmung des eigenen Körpers und der Empfindungen zu trainieren, ist das Schärfen der Sinne – sehen, hören, schmecken, riechen, tasten. Mit der Konzentration auf Ihre Sinneswahrnehmung und die damit verbundenen körperlichen Empfindungen trainieren Sie, Ihre Aufmerksamkeit bewusst zu steuern. Dies hilft Ihnen später beim Umgang mit Gefühlen in schwierigen Situationen. Konzentrieren Sie sich ganz auf die körperliche Wahrnehmung:

- Betrachten Sie Objekte in Ihrer Umgebung und lassen Sie sie auf sich wirken – die leuchtende Farbe einer Blüte, ein Bild, das Ihnen gut gefällt, die Form eines Baums im Park...
- Gehen Sie mit nackten Füßen über kalte Fliesen/feuchtes Gras/flauschigen Teppich.
- Nehmen Sie ein Stück Schokolade, schließen Sie die Augen, betasten Sie das Stück, riechen Sie daran, legen Sie es an die Lippen, später auf die Zunge – alles langsam und mit voller Aufmerksamkeit für das, was Sie wahrnehmen.
- Gehen Sie ins Freie und konzentrieren Sie sich ganz auf den Gesang der Vögel. Egal, was um Sie herum sonst noch für Geräusche sind, versuchen Sie Vogelstimmen herauszuhören und beobachten Sie die Wirkung auf Sie.
- Wenn Sie mit der Hand wohin greifen, halten Sie kurz inne: Wie fühlt sich das an? Dieser Türgriff, der Apfel, die Rinde dieses Baums, die Steine der Mauer? Prüfen Sie Beschaffenheit, Temperatur, die Wirkung auf Sie ...

Praxistipp

Indem Sie Ihre sinnliche Aufmerksamkeit gezielt schönen Dingen in Ihrer Umgebung zuwenden, können Sie Einfluss auf Ihre Stimmung nehmen. Die Achtsamkeit gegenüber (schönen) Besonderheiten der Umgebung und das bewusste Lenken der eigenen Aufmerksamkeit sind nicht ganz einfach, wie die Anekdote des Zen-Schülers zeigt.

Anekdote: Zen-Schüler

Als ein Zen-Schüler nach dreijährigem Studium zur Prüfung vor seinen Meister trat, fragte ihn dieser: Steht die Sonnenblume am Tempeleingang auf der rechten oder der linken Seite? Der Schüler hatte die Blume nicht bemerkt und ward gebeten, sich in drei Jahren erneut zur Prüfung zu melden.

Das Projekt, an dem Sie momentan arbeiten, mag problematisch sein. Die leuchtende Farbe der Sonnenblume, ihre ungetrübte Schönheit bietet Ihnen einen emotionalen Ausgleich, der die Projektprobleme zwar nicht in Luft auflöst, sie aber relativiert. In einem gelassenen, genüsslichen Zustand werden Sie eher in der Lage sein, die Lösung für anstehende Probleme zu finden, als mit dem Gefühl von Angst und Überforderung. Sinnliche Genüsse und deren intensive Wahrnehmung können Ihnen zu mehr Gelassenheit im Alltag verhelfen.

Gefühle identifizieren

Bewertungsfrei wahrnehmen Übung 4

Um den Informationsgehalt von Gefühlen nutzen zu können, brauchen Sie innerlich etwas Distanz zu dem, was um Sie herum und in Ihnen passiert. Diese Distanzierungstechnik hilft Ihnen, Ihre körperliche Wahrnehmung und Ihr Gefühl mit den Teilen des Gehirns in Kontakt zu bringen, die für die Lösungsfindung notwendig sind. Sie aktivieren sich so ganzheitlich. Emotionale und kognitive Kräfte sind gleichermaßen angesprochen und verfügbar. Das hilft Ihnen, die Situation und Ihr Verhalten zu kontrollieren.

Eine sehr gute Möglichkeit, den nötigen Abstand zu gewinnen, ist das bewertungsfreie Wahrnehmen und Benennen, das Sie mit dieser Übung trainieren können.

Variante 1:
Konzentrieren Sie sich auf Ihren Atem. Beobachten Sie, wie Sie einatmen, wie Sie ausatmen. Sie können als Konzentrationshilfe beim Einatmen innerlich „ein" sagen, beim Ausatmen „aus". Konzentrieren Sie sich auf diesen Vorgang. Kommen ablenkende Gedanken, nehmen Sie sie wahr und kommentieren das innerlich einfach mit „Gedanken" oder „Abschweifung". Dann konzentrieren Sie sich wieder auf die Aufgabe.

Variante 2:
Diese Variante trainiert das bewertungsfreie Wahrnehmen und Benennen im Alltag. Nehmen Sie eine alltägliche Situation. Ein Beispiel: Ihr Chef gibt Ihnen einen zusätzlichen Auftrag, Ihr Zeitplan kommt durcheinander, Sie bekommen leichte Panik.

- 1. Aufgabe: Wahrnehmen: „Oh, da ist was!"
- 2. Aufgabe: Versuchen Sie das zu benennen. „Oh, das ist Stress" oder „Da ist Unruhe" oder nur ein Wort: „Ärger". Sie können auch eine Skala zur Hilfe nehmen: Auf einer Stress-Skala von 0 bis 5 wäre das jetzt Stufe 4.

Ein anderes Beispiel: Ihr Kind schreit, es will nicht ins Bett.

- 1. Aufgabe: Wahrnehmen – Was passiert bei mir?
- 2. Aufgabe: Versuchen Sie das zu benennen. Das ist Aggression, wachsend, im Moment auf der Skala 4 von 10. Und Erschöpfung 8 von 10 oder Hilflosigkeit 9 von 10.

Bewertungsfrei wahrnehmen in Leerlaufzeiten — Übung 5

Dies ist eine Übung, die Sie in Leerlaufzeiten des Alltags einbauen können, um die Grundtechnik bewertungsfreies Wahrnehmen und Benennen zu trainieren. Benennen Sie alles, was Sie wahrnehmen, also auch körperliche Wahrnehmungen und Umweltaspekte.

Ein Beispiel: Sie sitzen im Zug, Sie trainieren die Atemkonzentration, ein – aus. Parallel nehmen Sie wahr, dass Ihr Hintermann laut telefoniert. Sie kommentieren innerlich: „Da telefoniert einer sehr laut. Das stört mich." Danach konzentrieren Sie sich wieder auf den Atem. Oder Sie verspüren Hunger. Dann kommentieren Sie: „Ich habe Hunger." Oder: „Mein Rücken schmerzt." Dies alles ohne Bewertung, Jammern, Klagen. In dem bewertungsfreien Wahrnehmungsmodus arbeiten Sie eher wie ein Virenscanner auf dem PC, der den Virus ohne Panik oder Wut identifiziert.

Praxistipp

Bewertungsfreies Wahrnehmen und Benennen ist schwierig und braucht Training. Deshalb: Üben Sie die Technik auch in stressfreien Situationen. Was empfinde ich? Finden Sie passende Worte für Ihre Empfindungen! Mit körperlichen Empfindungen lässt es sich besonders gut trainieren.

Belastende Gefühle erkennen — Übung 6

Sie lesen im Folgenden Steckbriefe zu Gefühlen, die je nach Ausprägung und Dauer auch schädlich sein können. Bewerten Sie jeweils, wie stark Sie davon betroffen sind.

Stress				
Entsteht, wenn wichtige persönliche Ziele bedroht sind. Stress mobilisiert zusätzliche Energien, um das Ziel doch noch erreichen zu können. Zur Bewältigung kurzfristiger Aufgaben kann Stress hilfreich sein, lang anhaltend ist er gesundheitsschädigend.				
Typischer Gedanke: „Das wird mir alles zu viel …"				
Körpersymptome: Angespannte Muskulatur, flacher Atem, Schwitzen, beschleunigter Puls.				
Stress empfinde ich …	dauernd	oft	ab und an	nie

Angst

Entsteht, wenn wichtige Ziele bedroht sind und es unsicher ist, ob man sich dagegen wehren kann. Angst bereitet einen darauf vor, wachsam zu sein, um bei Gefahr schnell reagieren zu können, z. B. durch Flucht oder Vermeiden.

Typische Gedanken: „Wie soll das nur gehen?", „Ich halte das nicht mehr aus."

Körpersymptome: Wie bei Stress, nur stärker.

Angst empfinde ich ...	dauernd	oft	ab und an	nie

Ärger

Entsteht, wenn mich jemand bei der Erreichung meiner Ziele behindert oder meine Grenzen überschreitet und ich dafür keine entschuldigende Erklärung habe. Ärger bereitet den Körper auf (körperliche) Auseinandersetzung vor, mit dem Ziel, meine Interessen zu schützen und mich gegen den anderen durchzusetzen.

Typische Gedanken: „Der Blödmann", „Dem werd' ich's zeigen!"

Körpersymptome: Wie bei Stress, nur stärker.

Ich ärgere mich ...	dauernd	oft	ab und an	nie

Scham
Entsteht, wenn ich eine soziale Regel verletze und mich vor der negativen Reaktion der anderen fürchte. Scham sorgt in einer Gesellschaft dafür, dass die Menschen sich an Regeln halten. Scham schützt(e) Menschen davor, durch regelwidriges Verhalten von der Gemeinschaft ausgeschlossen zu werden.
Typische Gedanken: „Hoffentlich hat das keiner gemerkt!", „Hoffentlich sieht das keine/r!"
Körpersymptome: Plötzliche Hitzewallung, Rot-Werden.

Ich schäme mich ...	oft	ab und an	nie

Schuld
Entsteht, wenn ich glaube, dass ich gegen (moralische) Standards verstoßen habe. Schuldgefühle bringen mich dazu, meinen Fehler wieder gut machen zu wollen.
Typische Gedanken: „Das hätte ich nicht tun sollen!", „Das tut mir leid!"
Körpersymptome: Energieverlust, Aktivitätsminderung.

Ich fühle mich schuldig ...	oft	ab und an	nie

Traurigkeit

Entsteht, wenn ich etwas nicht schaffe, das ich mir vorgenommen habe, oder wenn ich einen Verlust erleide. Traurigkeit bereitet körperliche/ geistige Prozesse vor, die helfen, sich von dem Ziel zu lösen und den Verlust zu überwinden.

Typische Gedanken: „Oh nein!", „Schade!", „Ach, wenn doch ...!"

Körpersymptome: Tränen, verminderte Aktivität, Rückzug.

Ich bin traurig/ , enttäuscht ...	dauernd	oft	ab und an	nie

Depressivität

Entsteht, wenn ich eine Enttäuschung, eine Niederlage oder einen Verlust verallgemeinere und denke, dass ich nichts erreicht habe, nichts mehr tun kann (Hilflosigkeit), es immer so bleiben wird (Hoffnungslosigkeit) und ich selbst daran schuld bin und nichts wert bin (Wertlosigkeit). Zeitlich befristete depressive Gefühle ermöglichen bei bedeutsamen Verlusten eine Neuorientierung.

Typische Gedanken: „Ich halte das nicht mehr aus.", Ich kann nichts tun.", „Ich bin nichts wert."

Körpersymptome: Energielosigkeit, erhöhtes Schmerzempfinden, körperliche Beschwerden.

Ich fühle mich deprimiert ...	dauernd	oft	ab und an	nie

Lösung

Wenn Sie mehrmals „dauernd" und „oft" angekreuzt haben, können Sie davon ausgehen, dass Ihre körperliche und seelische Belastung durch das häufige Erleben dieser Gefühle sehr hoch ist. Die Übungen in den Folgekapiteln können Ihnen helfen, auf schwierige Situationen anders zu reagieren. Sie erlernen Techniken, die Sie bei der Bewältigung dieser Situationen konstruktiv unterstützen.

> Fühlen Sie sich oft/dauernd traurig und deprimiert, sollten Sie auf jeden Fall auch therapeutische und/oder ärztliche Hilfe in Anspruch nehmen.

Hilfreiche Gefühle erkennen

Übung 7

In dieser Übung geht es um Gefühle, die hilfreich für Sie sind, weil sie sich positiv auf Ihre Seele und Ihren Körper auswirken. Bewerten Sie jeweils, wie häufig Sie diese empfinden.

Entspanntheit

Entsteht, wenn ich guter Dinge bin und glaube, die vor mir liegenden Aufgaben bewältigen zu können. Entspannung dient der Erholung. Sie ist nötig, um Abstand zu gewinnen, neue Energie zu tanken und den Kopf frei zu kriegen.

Typische Gedanken: „Einfach nur gut.", „Schön, nichts tun zu müssen."

Körpersymptome: Ruhiger Puls, regelmäßiger, ruhiger Atem, entspannte Muskeln, geringe Schmerzempfindlichkeit.

Ich bin entspannt ...	oft	ab und an	nie

Sicherheit			
Entsteht, wenn ich meine Ziele als nicht gefährdet betrachte und ich denke, mit eventuell auftauchenden Schwierigkeiten gut umgehen zu können. Dieses Gefühl ermutigt, Neues auszuprobieren oder auch sich zu entspannen. Typische Gedanken: „Alles ist OK", „Hier fühle ich mich wohl.", „Mir kann nichts passieren." Körpersymptome: Wie bei Entspannung und Mut.			
Ich fühle mich sicher ...	**oft**	**ab und an**	**nie**

Mut			
Entsteht, wenn ich mich bewusst gefährlichen Situationen stelle und dabei das Empfinden habe, gegen diese Gefahr ankommen zu können. Mut hilft einem, eine Handlung durchzuführen, auch wenn die Situation gefährlich ist. Mut ist das Pendant zur Angst, die mich davor zurückhält, mich einer möglichen Gefahr auszusetzen. Typische Gedanken: „Ich schaff' das!", „Ich mach' das!", „Wird schon gut gehen ...!" Körpersymptome: Höhere Muskelspannung, Energieschub, Wachheit, Aktivität.			
Ich empfinde Mut ...	**oft**	**ab und an**	**nie**

Gelassenheit

Entsteht, wenn ich etwas auf den ersten Blick als bedrohlich ansehe, ich aber die Gefahr relativieren kann und denke, dass ich der Herausforderung gewachsen bin und ich meine Ziele trotz der Bedrohung erreichen könnte.

Typische Gedanken: „Das wird schon.", „Das ist nur halb so schlimm.", „Das war nicht so gemeint.", „Wir haben noch Glück gehabt, hätte schlimmer sein können."

Körpersymptome: Regelmäßiger, relativ ruhiger Puls, ruhiger Atem, lockere Muskulatur.

Ich bin gelassen ...	oft	ab und an	nie

Stolz

Entsteht, wenn ich etwas erfolgreich geschafft habe und ich denke, dass der Erfolg auf mich, meine Qualitäten und meine Leistung zurückzuführen ist. Stolz steigert das Selbstwertgefühl und ist eine Art innere Belohnung für die vorher investierte Anstrengung.

Typische Gedanken: „Das habe ich echt super gemacht!", „Da habe ich was Tolles geschaffen!", „Ich bin gut."

Körpersymptome: Wie bei Freude.

Ich bin stolz ...	oft	ab und an	nie

Zufriedenheit

Entsteht, wenn ich meine reale Situation mit meinen Zielen in Einklang sehe. Zufriedenheit gibt innere Ruhe und lässt einen glücklich sein, ohne das Gefühl zu haben, dauernd noch mehr tun, wollen oder erstreben zu müssen.

Typische Gedanken: „Es ist gut so.", „Ich möchte nichts anderes/mehr.", „Es ist stimmig."

Körpersymptome: Wie bei Entspannung.

Ich bin zufrieden ...	immer	oft	ab und an	nie

Freude

Entsteht, wenn ich etwas, das ich erlebe, oder etwas, das in Zukunft passieren wird, als positiv ansehe. Freude zeigt uns, dass wir dabei sind, unsere Ziele zu erreichen. Sie gibt Kraft und motiviert für weitere Aktivität.

Typische Gedanken: „Super", „Es hat geklappt", „Wunderbar!"

Körpersymptome: Erhöhter Puls, schnellerer Atem, viel Energie, vermindertes Schmerzempfinden.

Ich freue mich ...	oft	ab und an	nie

Optimismus

Entsteht, wenn ich denke, meine Ziele erreichen zu können, auch wenn ich weiß, dass es nicht einfach sein wird. Optimismus hilft, auch in schwierigen Zeiten durchzuhalten und nicht direkt aufzugeben, wenn Hindernisse auftauchen.

Typische Gedanken: „Ich schaffe das!", „Das klappt schon!", „Ich bin sicher, das wird was!"

Körpersymptome: Ähnlich wie bei Freude, aber nicht ganz so hohe körperliche Erregung.

Ich bin optimistisch ...	immer	oft	ab und an	nie

Verbundenheit

Entsteht, wenn ich mich in einer Gemeinschaft, einer Beziehung oder einem größeren Kontext, z. B. in einer Religion, aufgehoben fühle. Verbundenheit vermittelt Sicherheit. Ich vertraue darauf, Hilfe zu bekommen, wenn ich sie benötige.

Typische Gedanken: „Ich bin nicht allein.", „Da ist jemand, der zu mir steht."

Körpersymptome: Wie bei Gelassenheit.

Ich fühle mich verbunden ...	immer	oft	ab und an	nie

Lösung

Sie haben vielleicht gesehen, dass die in dieser Übung aufgelisteten hilfreichen Gefühle oft gekoppelt sind mit einem entspannten, weniger schmerzempfindlichen Körper, ruhigerer Atmung und/oder einem Mehr an Energie und der Lust, etwas zu bewegen. Die hilfreichen Gefühle wirken auf Körper und Seele gleichermaßen positiv. Sie helfen Ihnen auch, den Belastungen des Alltags zu begegnen, ohne von diesen erdrückt zu werden. Insgesamt ist es das Ziel von emotionalen Trainings, seinen Alltag und sich selbst so beeinflussen zu lernen, dass es genügend Raum für die Entfaltung dieser hilfreichen Gefühle gibt. Grundannahme dabei ist, dass Gefühle nicht vom Himmel fallen, sondern man selbst an ihrer Entwicklung Anteil hat.

Haben Sie bei den hilfreichen Gefühlen häufig die Optionen „immer" oder „oft" angekreuzt, gelingt Ihnen der Umgang mit hilfreichen Gefühlen schon sehr gut. Ist dies nicht der Fall, haben Sie die Chance, viel an Lebensqualität und auch Leistungsfähigkeit dazuzugewinnen, wenn Sie lernen, hilfreiche Gefühle gezielt bei sich hervorzurufen und auszukosten.

Gefühle haben unmittelbar Einfluss auf Ihren körperlichen Zustand, z. B. Herz-Kreislauf-System, Muskulatur, Verdauung, Hormone etc. Ihre Gesundheit und Ihre emotionale Lage hängen entsprechend eng miteinander zusammen. Hilfreiche Gefühle bringen den Körper in einen vorteilhaften Zustand: die Muskulatur ist entspannter, die Atmung tiefer und ruhiger, die Hormonlage positiver Gefühlszustände stärkt das Immunsystem. Positive Gefühle machen weniger empfindlich für Schmerzen. Sie helfen dem Körper sich nach Belastung zu regenerieren und versorgen Sie mit Energie.

Gefühle akzeptieren

Belastende Gefühle aushalten Übung 8

Gerade bei negativen Gefühlen geraten manche Menschen in Panik. Sie malen sich Katastrophen aus, was passiert, wenn die Situation so bleibt und sie in diesem Zustand gefangen sind. Sie trauen sich nicht zu, eine solche Situation zu bestehen und die damit verbundenen Gefühle auszuhalten. Fakt ist, dass der Mensch eine Menge aushält und viele Menschen vor uns auch eine Menge ausgehalten haben. Auch Sie haben bereits viele schwierige Situationen in Ihrem Leben irgendwie bewältigt und zweifelsohne überstanden – sonst säßen Sie jetzt nicht dort, wo Sie sind und läsen dieses Buch. Diese Erfahrungen – wenn sie auch gar nicht so angenehm waren – haben Sie gestärkt. Sie können sich sagen: „Ich habe schon einige wirklich belastende Situationen in meinem Leben ausgehalten. Ich kann unangenehme Gefühle aushalten. Ich werde es auch diesmal schaffen." Und genau darum geht es in dieser Übung:

- Notieren Sie Situationen aus Ihrem Leben, in denen Sie mit belastenden Gefühlen konfrontiert waren und
- machen Sie sich bewusst, wie Sie diese nach einer gewissen Zeit überwunden haben.

Sie mögen ihre Spuren hinterlassen haben (darauf beruht Erfahrung ja!), aber Sie haben sie überstanden. Das wird Ihnen bei der Bewältigung aktueller negativer Gefühle helfen.

Praxistipp

Gefühle sind vergänglich. Auch wenn Sie gar nichts unternehmen, werden sie mit dem Lauf der Zeit schwächer, weil der Körper gar nicht die Energie aufbringen kann, intensive Gefühle lange aufrecht zu erhalten. Machen Sie sich klar, dass negative Gefühle nicht ewig dauern und sie sich von alleine ändern, auch dann, wenn man sie nicht aktiv zu beeinflussen sucht.

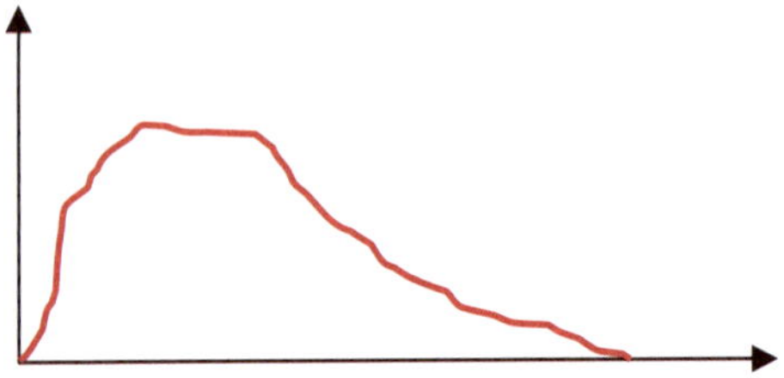

Typischer Gefühlsverlauf – die stärkste Intensität hält nur kurze Zeit, danach flacht die Kurve ab.

Die eigenen Gefühle zu akzeptieren, heißt nicht zu resignieren oder sich mit unguten Situationen abzufinden. Gefühle weisen einen oft erst daraufhin, dass man etwas ändern muss. Ein akutes ungutes Gefühl können Sie jedoch nur bedingt beeinflussen. Es ist besser, Sie akzeptieren es zunächst und unternehmen nichts, um es noch anzuheizen.

> Bei Depressionen, die ohne Besserung bereits mehr als 6 Wochen andauern, müssen Sie handeln. Bei länger anhaltenden Depressionen verändern sich die Körperfunktionen und ein sich selbst verstärkender Teufelskreislauf entsteht. Sie sollten dann auf alle Fälle ärztlichen und therapeutischen Rat suchen.

Nutzen von Gefühlen erkennen Übung 9

Gefühle – auch belastende – sind immer wichtige Signalgeber und Helfer. Finden Sie den Nutzen Ihrer Gefühle heraus.

Stufe 1: Nutzen erkennen. Nehmen Sie drei Blatt Papier und schreiben Sie auf jedes je ein Gefühl, das Sie öfters erlebt haben, gleich, ob es ein belastendes oder hilfreiches Gefühl war. Überlegen Sie, was das Gefühl Ihnen in den jeweiligen Situationen für einen Nutzen gebracht hat. Worauf hat es Sie aufmerksam gemacht? Wie hat es Ihnen geholfen? Schreiben Sie alles auf, was Ihnen dazu einfällt.

Stufe 2: Akzeptierende Einstellung aktivieren. Suchen Sie sich einen ruhigen, ungestörten Platz und stellen Sie sich eine Situation vor, in der Sie ein belastendes Gefühl erlebt haben. Versuchen Sie, eine akzeptanz- und toleranzfördernde Einstellung zu diesem Gefühl zu aktivieren. Zum Beispiel: „Es ist OK, dass ich so reagiere. Ich weiß, dass ich diese Gefühle zur Not auch lang aushalten kann." Entwickeln Sie einen für Sie passenden persönlichen Akzeptanz-Satz für vergleichbare Gefühle/Situationen.

Stufe 3: Gefühle als Verbündete nutzen. Den Rest Ihres Lebens werden Sie mit Gefühlen konfrontiert werden, die Sie eventuell nicht so sehr schätzen. Begegnen Sie diesen Gefühlen akzeptierend. Betrachten Sie sie als Verbündete, die Ihnen Wichtiges zu übermitteln haben. Sagen Sie sich einen passenden Akzeptanzsatz für Ihre emotionale Reaktion und untersuchen Sie den Nutzen oder den Informationsgehalt des jeweiligen Gefühls.

Lösung

Sie haben sicherlich herausgefunden, dass auch belastende Gefühle in einer Situation durchaus einen Nutzen für Sie haben. Hier finden Sie Beispiele für die positiven Effekte von belastenden Gefühlen:

- Stress: Erhöhte Aufmerksamkeit, für kurze Zeit mehr Energie, höhere Leistungsfähigkeit, Wachheit.
- Depressivität: Antrieb für Überprüfung des Jetzt-Zustands, hilft, sich neu zu orientieren/Hilfe zu suchen.
- Angst: Wie Stress, schützt aber auch davor, sich Gefahren auszusetzen oder motiviert einen, sich besonders gut auf eine Situation vorzubereiten.
- Ärger: Gibt Energie, kann helfen, Grenzüberschreitungen zu erkennen und anderen Grenzen zu setzen sowie sich durchzusetzen.
- Schuld: Gibt einem den Antrieb, etwas wieder gut zu machen. Erkenntnis des Fehlers hilft einem, in Zukunft Vergleichbares zu vermeiden.
- Traurigkeit/Enttäuschung: Hilft einem, sich zu von etwas zu lösen, sich neu auszurichten.

Persönliche Akzeptanzsätze sollten Sie in der jeweiligen Situation stärken und beruhigen, dafür müssen sie positiv sein, z. B.

- „Ich bin einfach ein Typ, der schnell rot wird. Das ist OK Halte ich den Vortrag halt mit rotem Gesicht."
- „Ich schaff' das. Das geht sowieso wieder vorüber."

Gefühle ausdrücken

In diesem Kapitel erfahren Sie,

- was Sie mit Ihrem Körper ausdrücken,
- wie Sie für Gefühle die richtigen Worte finden,
- wie Sie Negatives formulieren, ohne andere zu verletzen.

gekommen sind", und schaut er dabei aber so, als wäre er vom Besuch genervt, so ist dies eine inkongruente Botschaft. Die Worte sagen etwas anderes als der Gesichtsausdruck. In solchen Fällen halten wir ohne nachzudenken die nonverbale Botschaft für glaubwürdiger. Der Inhalt der Worte wird überlagert. Viele Menschen haben ein gutes Gespür für Heuchelei und Unglaubwürdigkeit. In der Gesprächsführung ist es für uns deshalb ein Ziel, möglichst stimmig zu kommunizieren und nur solche Dinge zu sagen, die wir inhaltlich auch glaubwürdig vertreten können.

Gefühl durch Mimik beeinflussen

Übung 10

Machen Sie ein kleines Experiment. Wählen Sie am besten eine Situation, in der Sie „normal drauf" sind, also weder euphorisch positiv noch schlecht gelaunt. Sie sollten gerade alleine sein, damit Sie nicht andere in Mitleidenschaft ziehen oder plötzlich in einen Konflikt mit jemandem geraten.

Variante 1: Schauen Sie für wenige Minuten recht grimmig. Tun Sie dabei das, was Sie ohnehin gerade tun wollten. Beobachten Sie, wie sich die Tätigkeit anfühlt, wie sich Ihr Körper anfühlt, wie sich Ihre eingangs normale Stimmung verändert. Wechseln Sie jetzt Ihre Mimik. Zaubern Sie ein Lächeln auf Ihre Lippen, schauen Sie freundlich auf Ihre Umgebung und tun Sie das, was Sie gerade tun mit freundlicher Mimik. Beobachten Sie, wie sich jetzt die Tätigkeit anfühlt und wie sich Ihre Stimmung verändert.

Variante 2: Nutzen Sie die Wechselwirkung zwischen Mimik und Gefühl. Wenn Sie etwas tun müssen, das Ihnen schwer fällt, zu dem Sie wenig Lust haben, oder wenn Sie sich unter Zeitdruck fühlen, versuchen Sie es mit freundlicher Miene zu tun. Verrichten Sie diese schwierige oder wenig geschätzte Arbeit, aber deuten Sie ein Lächeln an. Beobachten Sie, welche Wirkung Ihre Mimik auf Sie selbst und Ihr Empfinden hat. Wenn es Ihnen schwer fällt, sich ein Lächeln aufs Gesicht zu zaubern, können Sie auch Hilfsmittel nutzen, von denen Sie wissen, dass Sie Ihnen helfen, sich in eine Lächelstimmung zu versetzen, z. B. durch das Hören bestimmter Musik, die Erinnerung an etwas Angenehmes, Lustiges oder Schönes. Sie können auch Bilder oder Dinge in Ihrem Umfeld nutzen, deren Anblick Sie freundlich und fröhlich stimmt.

Lösung

Sie werden gemerkt haben, dass es schwierig ist, ein neutrales und ausgeglichenes Gefühl zu bewahren, wenn man grimmig schaut. Vielleicht konnten Sie auch beobachten, dass einem die Arbeit mit einem Lächeln auf den Lippen leichter von der Hand geht. Grund dafür ist, dass Lächeln eine entspannende Wirkung auf die Muskulatur hat und auch sonst auf den Körper positiv einwirkt. Lächeln ist im Körper positiv gespeichert und mit dem entsprechenden Körpermuster gekoppelt. Gelingt es Ihnen, sich selbst zum Lächeln zu bringen, verändert dies Ihren Organismus. Sie können Ihre Stimmung also über Ihren Körper – in diesem Fall über Ihre Mimik – beeinflussen.

Nicht immer nur lächeln, kongruente Botschaften senden

Übung 11

Manche Menschen, meist Frauen, sind dazu erzogen worden, anderen gegenüber immer freundlich zu sein und zu lächeln, auch dann, wenn sie gar nicht so empfinden oder das Lächeln sogar im Widerspruch zum Inhalt ihrer Aussage steht. Dies kann zu unguten Situationen führen. Sagt eine Frau „Nein, ich möchte das nicht.“, lächelt sie dabei aber, kann der andere das so verstehen: „Ach, sie sagt das, aber sie meint das nicht so.“ Hält eine Frau in einem Gremium eine Präsentation zu einem komplexen Thema, lächelt dabei aber häufig, ohne dass der Inhalt dazu Anlass gäbe, wird das als unsicher wahrgenommen. Gerade Männer neigen dann dazu, sie als nicht kompetent anzusehen, unabhängig von der Qualität der Präsentation. Beobachten Sie sich und Ihr Lächelverhalten im Kontakt mit anderen.

- In welchen Situationen lächeln Sie? Wie oft lächeln Sie?
- Im Kontakt mit welchen Menschen lächeln Sie?
- Passt das Lächeln an dieser Stelle oder empfinden Sie in Wirklichkeit ganz anders?
- Wenn ja, in welchen Situationen sind Ihre Worte, Ihr Empfinden und Ihr Lächeln inkongruent, unstimmig?

Üben Sie für diese Situationen kongruente Aussagen, bei denen Empfinden, Inhalt und Gesichtsausdruck zusammenpassen. Sprechen Sie diese für sich alleine Probe.

Praxistipp

Achten Sie darauf, dass Sie nicht automatisch andere anlächeln,

- wenn Ihnen nicht danach zu Mute ist.
- wenn Sie jemandem Grenzen setzen oder Nein sagen.
- wenn Sie Kritik üben.
- wenn Sie etwas einfordern, vorschlagen oder argumentieren.
- wenn Sie in Situationen sind, in denen stärker Ihre fachliche Kompetenz gefragt ist.
- wenn jemand Sie respektlos behandelt. Sie müssen nicht nett sein zu Menschen, die Sie schlecht behandeln.
- wenn jemand versucht, sie zu bedrängen (auch nonverbal), Sie einzuschüchtern oder Ihnen zu drohen.

Das heißt nicht, dass Sie in dienstlichen Angelegenheiten nicht lächeln dürfen. Doch, das dürfen Sie, jedoch nicht dauernd und automatisiert, da dies in bestimmten Situationen Ihre Aussage verwässert, ins Gegenteil verkehrt oder Sie unsicher und zustimmungsheischend erscheinen lässt. Keine gute Miene zum bösen Spiel! Lächeln Sie, wenn andere sich Ihnen gegenüber respektlos verhalten, ist es für die anderen wie eine Erlaubnis, dies immer wieder zu tun. Dürfen Sie in Ihrem beruflichen Kontext Ihre wahren Empfindungen nicht zeigen – zum Beispiel im Dienstleistungssektor –, so schützen Sie sich in solchen Fällen durch das Einnehmen einer professionellen, höflich-korrekten, distanzierten Haltung.

Wie Ihr Körper spricht Übung 12

Oft bekommt man einen Eindruck von der Befindlichkeit des anderen, wenn man seine Körperhaltung betrachtet: Depressive Gefühle gehen mit einer Unterspannung der Muskulatur einher, man schleppt sich dahin, alles fühlt sich schwer und mühselig an. Ärger macht die Muskulatur fester, stärker; dabei verlieren wir allerdings unsere Lockerheit und Flexibilität. Angst lässt unsere Muskulatur erstarren und verleitet dazu, sich kleiner zu machen, den Blick abzuwenden, Schultern und Kopf einzuziehen. Verliebtheit oder gute Laune verleihen uns eine lockere, dynamische Spannung und das Gefühl von Leichtigkeit. Auch hier geht es um eine Wechselwirkung. Gehen Sie körperlich in eine Angsthaltung, verstärkt sich die Angst. Nehmen Sie eine sichere Haltung ein, verstärkt das Ihr Wohl- und Sicherheitsgefühl. Beobachten Sie sich im Laufe eines Tages in unterschiedlichen Situationen:

- Wie fühlt sich Ihr Körper an? Schwer? Leicht? Fest? Locker? Aufrecht? Hängen die Schultern? Ist der Brustkorb eingefallen oder aufgerichtet? Sind die Arme schwer? Sind sie frei – jederzeit bereit zu gestikulieren?
- In welchen Situationen fühlt sich Ihr Körper besser – also lockerer, aufrechter? Wann fühlt er sich schlechter – also schwerer, gebeugter, kraftloser? Können Sie das beeinflussen (z. B. durch Sport, Ernährung, Tagesgestaltung)?
- Worauf reagieren Sie mit der Haltung? Welche Signale sendet Ihnen Ihr Körper in der einen oder anderen Haltung? Was denken Sie, wie wirkt Ihre Haltung auf andere?

Haltung checken — Übung 13

Wir alle haben uns bestimmte Lieblingshaltungen angewöhnt. Checken Sie Ihre Standard-Haltungen anhand Ihres Fotomaterials. Durchforsten Sie Ihre Fotoalben und schauen Sie:

- Wie stehen Sie? Stehen Sie stabil und sicher?
- Wie schätzen Sie die Körperspannung ein – locker, dynamisch, unterspannt, zu fest angespannt?
- Wie viel Raum nehmen Sie ein? Zu wenig? Zu viel?
- Ist der Oberkörper aufrecht, präsent oder machen Sie sich kleiner als Sie sind (zusammengefallener Brustkorb, vorgeneigte Haltung, hochgezogene Schultern)?
- Schauen Sie häufiger von unten oder mit schräg geneigtem Kopf oder direkt zum Gegenüber?
- Was fällt Ihnen an Besonderheiten auf? Welche Wirkung hat das auf Sie?
- Zeigen Sie vertrauten Menschen Bilder von Ihnen und fragen Sie sie nach ihrem Eindruck.

Stellen Sie sich nun vor, Sie sind Ihr eigener Coach, was würden Sie sich empfehlen, um Ihre Haltung zu verbessern? Achten Sie dabei sowohl auf die Rückwirkung nach innen, also dass Sie sich wohl fühlen, als auch auf Ihre Außenwirkung.

Souveräne Haltung vorbereiten — Übung 14

Eine aufrechte, lockere Körperhaltung in mittlerer Spannung ist eine gute Grundhaltung, um sich selbst sicher zu fühlen und nach außen Souveränität zu vermitteln. Integrieren Sie folgende Elemente in Ihren Alltag, um auf diese Haltung hin zu arbeiten:

1. Strecken und räkeln Sie sich vor dem Aufstehen wie eine Katze. Ziehen Sie sich so lang wie möglich: Fersen wegdrücken, Arme nach oben. Machen Sie sich groß, breit und speichern Sie dieses Gefühl ab. Nehmen Sie es mit in den Tag und erinnern Sie sich ab und zu an Ihre wahre Größe/Breite. Wiederholen Sie die Übung im Büroalltag.
2. Laufen Sie barfuß durch die Wohnung, wecken Sie Ihre Füße. Spüren und speichern Sie das Gefühl von Stabilität und gutem Grund unter den Füßen.
3. Trocknen Sie sich nach dem Duschen sehr kräftig ab und speichern Sie das Gefühl von Wachheit und Lebendigkeit bewusst ab, so dass Sie es bei Bedarf im Alltag abrufen können.
4. Rollen Sie die Schultern nach vorne, Rücken krumm, Kopf nach vorn geneigt, Brustkorb eingesunken. Richten Sie sich dann ganz gerade auf, ziehen Sie die Schultern etwas nach hinten und präsentieren Sie Ihren Brustkorb breit, aufrecht, präsent. Der Kopf fühlt sich dabei wie ein Korken auf dem Wasser, hoch, aufrecht, leicht, beweglich. Speichern Sie dieses aufrechte, präsente Gefühl ab.

Der Weg zur souveränen Haltung

Übung 15

Wenn es einem gut geht, ist es einfach, locker und aufrecht durch die Welt zu gehen. Schwieriger wird das bei Stress und Problemen. Deswegen ist es wichtig, dass Sie Gefühle der Lockerheit und Sicherheit körperlich bewusst abspeichern. Ihr Körpergedächtnis kann das Gefühl dann auf Kommando abrufen und steht Ihnen dann auch bei Stress zur Verfügung.

Variante 1: Suchen Sie sich einen ruhigen Ort, entspannen Sie sich, schließen Sie die Augen. Erinnern Sie sich an eine öffentliche Situation, in der Sie sich sicher, wohl, souverän gefühlt haben. Wie standen Sie vor den anderen? Wie hat sich das angefühlt? Spüren Sie nach, was Ihr Körpergedächtnis Ihnen in Erinnerung bringt. Speichern Sie dieses Gefühl wie eine digitale Fotografie und geben Sie dem inneren Bild einen Namen, z. B. Taufe Philipp, Apfelwiese oder Zusage. So „ankern" Sie dieses Körpergefühl mit einem Namen.

Variante 2: Beobachten Sie sich im Alltag. Fühlen Sie sich besonders gut, locker, sicher, leicht? Spüren Sie diesem Gefühl nach und speichern Sie es ab. Geben Sie diesem Gefühl oder dieser Situation einen Namen (z. B. Nach dem Match, Kaffee mit Lena). Nutzen Sie eines dieser gespeicherten Bilder in einer Situation, in der Sie sich verspannt oder unsicher fühlen. Rufen Sie dieses Körpergefühl ab. Sagen Sie Ihrem Körper: „So wie bei ‚Taufe Philipp'." Sie werden sich unmittelbar besser und sicherer fühlen. Sie können das Abrufen des Körperbildes probeweise öfter in nicht Nicht-Stress-Situationen üben.

Gefühle in Sprache übersetzen

Ihre Sprache und Körpersprache müssen stimmig sein, damit Sie richtig verstanden werden. Viele Menschen haben jedoch Schwierigkeiten, Worte für ihre Empfindungen zu finden.

Die richtigen Worte finden – Nomen **Übung 16**

Mit der Bearbeitung dieser Wortliste können Sie Ihren emotionalen Wortschatz überprüfen und erweitern. Gleichzeitig können Sie sehen, welche emotionale Bandbreite Sie im Alltag erfahren.

- Lesen Sie folgende Wortliste und markieren Sie all diejenigen Worte, die Sie als Empfindung bei sich kennen. Nehmen Sie Buntstifte zur Hand und unterstreichen Sie die Wörter nach der Häufigkeit der Empfindung: Empfinde ich oft: rot; empfinde ich ab und an: gelb; empfinde ich so gut wie nie: blau.
- Schreiben Sie Ihre Hitliste von Gefühlen auf. Platz 1, 2, 3 für die positiven Gefühle, die Sie am häufigsten erleben, und Platz 1, 2, 3 für die eher unangenehmen Gefühle, die Sie am häufigsten erleben. Sie können die Zeilen auch mit mehreren Worten belegen.

Abneigung, Abscheu, Andacht, Angst, Ärger, Aufregung, Ausgeglichenheit, Begeisterung, Beklemmung, Dankbarkeit, Eifersucht, Einsamkeit, Ekel, Empörung, Entrüstung, Entsetzen, Enttäuschung, Entzücken, Erleichterung, Erstaunen, Fassungslosigkeit, Feindschaft, Freude, Fröhlichkeit, Furcht, Geborgenheit, Geduld, Gelassenheit, Glaube, Glück, Hass, Heiterkeit, Hilflosigkeit, Hoffnung, Interesse, Kummer, Langeweile, Leid, Liebe, Lust, Missgunst, Misstrauen, Nachdenklichkeit, Neid, Nervosität, Neugierde, Panik, Ratlosigkeit, Reue, Schadenfreude, Scham, Schmerz, Schuld, Schwäche, Sicherheit, Sorge, Spaß, Stärke, Stress, Stolz, Trauer, Überraschung, Ungeduld, Unglück, Unsicherheit, Verbitterung, Verblüffung, Vergnügen, Vertrauen, Verwirrung, Vorsicht, Wut, Zorn, Zuneigung, Zurückhaltung, Zuversicht.

Meine Hitliste positiver Gefühle:

1.____________________

2.____________________

3.____________________

Meine Hitliste unangenehmer Gefühle:

1.____________________

2.____________________

3.____________________

Die richtigen Worte finden – Adjektive

Übung 17

Unsere Adjektivliste ist noch reichhaltiger. Nutzen Sie diesen Fundus zum Bewusstmachen und Erweitern Ihres aktiven Wortschatzes.

1 Überlegen Sie zunächst, welche der nachfolgend aufgelisteten Adjektive Sie bereits schon nutzen, um Ihre Gefühle oder die anderer zu beschreiben. Markieren Sie diese Worte rot.

2 Ergänzen Sie diese Liste um Worte, die hier nicht aufgeführt sind, die sie aber nutzen (z. B. umgangssprachliche Worte wie „cool", „geil", „ätzend", „nervig").

3 Markieren Sie mit einer anderen Farbe Worte aus der Liste, die Sie in Zukunft in Ihren aktiven Wortschatz aufnehmen wollen, weil sie Gefühle beschreiben, die Sie bei sich oder Menschen in Ihrer Umgebung beobachten.

Aggressiv, andächtig, angeekelt, ängstlich, anmaßend, ärgerlich, aufgebracht, aufgeregt, ausgeglichen, bedrängt, bedrückt, begeistert, behutsam, bekümmert, beleidigt, beruhigt, beschämt, besorgt, betrogen, böse, boshaft, dankbar, durcheinander, eifersüchtig, eingeschnappt, einsam, empört, entgeistert, entrüstet, entsetzt, entspannt, erbittert, erfreut, erleichtert, ernst, erregt, erschrocken, erstaunt, erzürnt, fassungslos, freudig, freundlich, froh, fröhlich, furchtsam, geduldig, gekränkt, gelangweilt, gelassen, gestresst, glücklich, grimmig, großzügig, hämisch, heiter, herablassend, hingerissen, hitzig.

Interessiert, lustig, missgünstig, misstrauisch, munter, mutig, mutlos, nachdenklich, neidisch, nervös, nett, neugierig, niedergeschlagen, rasend, ruhig, sauer, schadenfroh, scheu, schüchtern, schuldig, schwach, sicher, sprachlos, stark, stolz, tobsüchtig, traurig, überglücklich, überheblich, überrascht, unbekümmert, unbeschwert, ungeduldig, unruhig, unsicher unzufrieden, verärgert, verbittert, verblüfft, verdutzt, vergnügt, verlegen, verletzt, verliebt, verstimmt, verträumt, verwirrt, verwundert, verzückt, verzweifelt, vorsichtig, wild, wütend, zaghaft, zornig, zufrieden, zurückhaltend

Ihre Ergänzungen :

____

____

____

Schreiben Sie Adjektive auf, die bei Ihnen ein positives Gefühl auslösen:

____

____

____

____

Die richtigen Worte finden – Sätze

Übung 18

Üben Sie, gefühlsmäßige Zusammenhänge in ganzen Sätzen oder Satzfolgen zu beschreiben. Nehmen Sie eine Tageszeitung oder Illustrierte. Suchen Sie gezielt Fotografien von Menschen, die in irgendeiner Weise emotional berührt sind. Beschreiben Sie mit Ihren Worten, was Sie an Emotion wahrnehmen und was Sie als Ursache für die Emotion vermuten. Sie können die Wortlisten in den vorherigen Übungen als Hilfe nutzen. Schreiben Sie das Charakteristische schlagwortartig auf. Variieren Sie Ihre Wortwahl!

- Foto 1:
- Foto 2:
- Foto 3:
- Foto 4:

Gefühle ausdrücken, ohne andere zu verletzen

Wenn man von unangenehmen Gefühlen eingenommen wird, die man mit anderen Menschen in Verbindung bringt, z. B. Ärger, Enttäuschung, Eifersucht, artet der Versuch, das Gefühl in Worten auszudrücken, häufig in Vorwürfen und Beschimpfungen aus. Das mag ein stimmiger Gefühlsausdruck sein. Leider ist seine Wirkung selten hilfreich – weder für einen selbst noch für das Opfer der gefühlsmäßig befeuerten Angriffe. Es gibt ein paar einfache Regeln, die einem helfen, negativen Gefühlen Ausdruck zu geben, ohne dass man andere unnötig dabei verletzt. Mit diesen beschäftigten sich die folgenden Übungen.

Ich-Botschaften formulieren

Übung 19

Sprechen Sie Sätze mit „Ich", so genannte Ich-Botschaften. Meiden Sie Satzanfänge mit „Du/Sie".

Beispiel: „**Ich** stehe hier schon seit 30 Minuten und warte auf dich. **Ich** habe schon angefangen mir Sorgen zu machen. **Ich** dachte, wenn du nicht anrufst, ist sicher etwas passiert. **Ich** bin wirklich (wahlweise) stinksauer/enttäuscht/fertig mit den Nerven..." Nicht: „**Du** lässt mich die ganze Zeit hier warten. **Dir** ist wohl egal, dass ich mir Sorgen mache. **Du** denkst wirklich nur an dich. Noch nicht mal anrufen hältst **du** für nötig. Die 20 Cent sind **dir** wohl zu schade." Formen Sie die folgenden leicht aggressiven Du-Botschaften in konstruktivere Ich-Formulierungen um.

1 „Sie denken wohl, ich hätte nichts Besseres zu tun, als alle 5 Minuten in meinen Mail-Postkasten zu schauen."

____

____

____

2 „Du hörst überhaupt nicht zu. Dir ist wohl alles egal!"

____

____

____

3 „Da haben Sie mich völlig falsch verstanden."

____

____

4 „Sie sind einfach viel zu passiv und unselbstständig. Statt selber was zu tun, warten Sie darauf, dass man Ihnen haarklein vorschreibt, was gemacht werden muss.

____

____

____

____

5 „Du siehst das falsch. So kann man das nicht sehen."

____

____

____

Lösung

Natürlich gibt es viele Varianten, wie man die Aussagen verträglicher formulieren könnte. Hier jeweils eine Version.

1 „Wissen Sie, ich habe zurzeit sehr viel zu tun. Um konzentrierter zu arbeiten, habe ich mir angewöhnt, meine Mails nur dreimal am Tag zu checken. Da kann es schon mal sein, dass ich nicht sofort antworten kann. Bitte rufen Sie mich in dringenden Fällen doch an."

2 „Ich erzähle dir gerade etwas, das für mich wichtig ist, aber ich habe den Eindruck, dass du mir gar nicht zu hörst, ja, als wär' es dir egal, was ich erzähle."

3 „Oh, tut mir Leid, das habe ich falsch rübergebracht." Dann Wiederholung des Gesagten mit anderen Worten. Oder: „Oh, das war ein Missverständnis. Ich meinte ..."

4 „Ich erlebe Sie in der täglichen Arbeit als eher passiv, so als würden Sie darauf warten, dass jemand Ihnen sagt, was Sie tun sollen." Danach Wunsch äußern: „Ich möchte gern, dass Sie in Zukunft ..."

5 „Ich sehe das anders." Dann Erläuterung der eigenen Perspektive. Der Hinweis „So kann man das nicht sehen", ist fehl am Platz. Das Gegenüber sieht es ja anders, also kann man es auch so sehen. Besser ist eine Klärung: Wie kommt er/sie dazu, die Sache so zu sehen?

Wünsche direkt äußern — Übung 20

Oft ist Ärger/Enttäuschung mit Wünschen verbunden – dass man in Zukunft ein anderes Verhalten in einer vergleichbaren Situation möchte. Versuchen Sie, Ihre Wünsche direkt auszudrücken und erwarten Sie nicht, dass der andere sie errät. Also: „Bitte ruf' mich in Zukunft an, wenn du es nicht rechtzeitig schaffst. Dann muss ich mir keine Sorgen machen." Man nennt diese Technik auch VW-Regel. Statt eines **V**orwurfs formulieren Sie einen **W**unsch.

Wandeln Sie die folgenden versteckt geäußerten Wünsche in offen formulierte Wünsche um bzw. wandeln Sie einen Vorwurf in einen Wunsch um.

1 „Es würd' ja nicht schaden, wenn man mal den Materialraum aufräumen würde."

____

____

____

2 „Du hast dich das ganze Wochenende nur mit deinem Motorrad beschäftigt!"

____

____

____

3 „Sie sind einfach viel zu unzuverlässig."

____

____

____

4 „Ich fühle mich mit dieser Arbeit unterfordert."

5 „Ihr dauerndes Gerede macht mich wahnsinnig!"

6 „Man sollte mehr Rücksicht auf die Kollegen nehmen."

Lösung

1 „Ich hätte gern, dass Sie den Materialraum aufräumen."

2 „Weißt du, du hast dieses Wochenende sehr viel Zeit mit deinem Motorrad verbracht. Ich weiß, dass dir das wichtig ist. Trotzdem hätte ich mir gewünscht, wir hätten mehr zusammen gemacht. Vielleicht können wir jetzt noch ..." Alternativ: „Ich würde gern am nächsten Wochenende mit dir ..."

3 „Ich erwarte von Ihnen, dass Sie sich an Ihre Zusagen halten. Wenn Sie sagen, Sie liefern mit den Bericht am 12.6., dann möchte ich mich darauf verlassen können!"

4 „Ich fühle mich mit dieser Arbeit ein Stück weit unterfordert. Ich würde gerne mehr Verantwortung übernehmen und ..."

5 „Ich schreibe gerade an einem Bericht und muss mich dabei sehr konzentrieren. Wenn Sie dabei reden, kann ich keinen klaren Gedanken fassen. Könnten Sie das Gespräch bitte woanders führen? Vielleicht ist der Besprechungsraum gerade frei." oder „Ich unterhalte mich gerne mit Ihnen, aber erst, wenn ich diese Arbeit hier erledigt habe. Dafür brauche ich Ruhe."

6 „Ich möchte/erwarte von Ihnen, dass Sie in dieser Frage mehr Rücksicht auf Ihre Kollegen nehmen."

Ärger/Enttäuschung ausdrücken — Übung 21

Überlegen Sie, wie Sie in den folgenden Situationen Ihrem Ärger/Ihrer Enttäuschung Luft machen können, ohne den anderen direkt anzugreifen. Hier noch ein paar Regeln, wie Sie das am besten bewerkstelligen:

- Sprechen Sie darüber, wie Sie sich gefühlt haben, nicht darüber, was der andere vermeintlich gedacht oder gefühlt hat. Letztlich sind das nur Unterstellungen. Sie wissen nicht, was die Ursache für sein Verhalten war. Was Sie empfunden haben, wissen Sie jedoch. Also: „Ich fühle mich von Ihnen nicht fair behandelt …" Nicht: „Sie benachteiligen mich sicherlich, weil …"
- Also „Ich habe den Eindruck, dass Sie meine Kompetenzen nicht wirklich wahrnehmen/mir wenig zutrauen …", nicht: „Es ist doch offensichtlich, dass Sie meine Kompetenzen nicht achten …"
- Versuchen Sie zu beschreiben, wie das Gefühl bei Ihnen entsteht. Eventuell sieht der andere die Welt ganz anders als Sie und braucht Ihre Erklärung, um überhaupt zu verstehen, was in Ihnen vorgeht. Also: „Wenn du am Wochenende so viel Zeit mit deinen Hobbys verbringst, habe ich den Eindruck, unsere Beziehung ist dir nicht so wichtig. Das (wahlweise) macht mich traurig/frustriert mich/enttäuscht mich/ macht mich wütend/lässt mich zweifeln, ob wir…"

1 Ein Kollege hat eine zugesagte Arbeit nicht fristgerecht abgeliefert. Sie können nicht weiterarbeiten, weil Sie die Daten brauchen. Jetzt müssen Sie Ihren Arbeitstag kurzfristig umplanen, und die fristgerechte Bearbeitung Ihres Projekts steht in Frage. Sie sagen:

____

____

7 Sie gehen mit Ihrem Kollegen zusammen zu einem von Ihnen akquirierten Kunden. Ihr Kollege bestreitet 75 % der Redezeit und lässt Sie kaum zum Zuge kommen. Sie wollen vor dem Kunden keinen Disput, stellen ihn aber nachher zur Rede. Sie sagen:

____

____

8 Sie feiern Ihren 40. Geburtstag und laden Ihre Freunde und Familie zu einem großen Fest ein. Ihre Schwester sagt ab, keine Zeit. Sie sind enttäuscht. Sie sagen:

____

____

Lösung

Es gibt für solche Situationen viele Varianten, sein Gefühl auszudrücken. Das hängt auch von der Beziehung zum anderen ab. Hier jeweils eine Antwortmöglichkeit als Beispiel.

1 „Herr Schmidt, Sie hatten mir die Daten für gestern Nachmittag zugesagt. Ich habe mich darauf verlassen und entsprechend geplant. Jetzt kommen Sie morgens an und sagen, Sie können nicht liefern. Das ärgert mich sehr! Ohne die Daten kann ich nicht weiter arbeiten. So kurzfristig kann ich auch nicht die Projektplanung ändern. Ich möchte, dass Sie mit mir in Zukunft rechtzeitig vorher in Kontakt treten, wenn es Schwierigkeiten mit Terminen gibt, damit ich meine Planung darauf ausrichten kann ..."

2 „Tobias, ich fand den Besuch beim Kunden nicht gut. Du weißt, ich habe ihn akquiriert und ich werde ihn weiterhin betreuen. In dem Gespräch hast du sehr viel Redeanteil übernommen. Ich hatte kaum die Möglichkeit, mich einzuklinken. Selbst bei Themen, die absolut mein Gebiet sind, hast du die Gesprächsführung an dich genommen. Ich kam mir zeitweise vor wie ein Depp. Das war so für mich nicht in Ordnung. In Zukunft möchte ich, dass wir vor Ort partnerschaftlicher auftreten und nicht einer so stark dominiert."

3 „Lisa, das finde ich sehr schade, dass du nicht kommst. Ich hätte gerne alle Menschen, die in meinem Leben wichtig waren und sind, an diesem Tag um mich. Ein Stück weit kränkt mich das auch, dass du für mich bzw. unsere Beziehung keine Zeit aufbringen kannst."

Eigene Schwachstellen erkennen

Übung 22

Es gibt in Bezug auf Ärger die Entlastungstheorie: Wenn man alles rauslässt und rumbrüllt, geht es einem nachher besser. Das stimmt nicht. Frei und ungefiltert in die Umwelt entlassene Gefühle haben nicht immer eine befreiende Wirkung. Manchmal zerstören sie auch irreversibel Beziehungen, den eigenen Ruf, Vertrauen. Deshalb gibt es schon ein paar Tabus, die Sie respektieren sollten.

- **Folgen Sie nicht der ersten Regung!** Ihr Gefühl reagiert schneller als Ihr Verstand. Sie brauchen Zeit, um zu überprüfen, ob Ihr Gefühl Recht hat und Ihr Handlungsimpuls angemessen ist. Sie sollten das Gefühl nicht unterdrücken, sondern sich Zeit zum Check lassen.
- **Steigern Sie sich nicht in Gefühle hinein.** Manche Menschen reagieren auf einen ersten Eindruck, einen Verdacht, einen Gedanken mit heftigen Gefühlen. Ehe sie alternative Interpretationen erwägen können, steigern sie sich in ihre Sicht der Dinge hinein. Ihre Gedanken verstärken das Gefühl, das mit der Ausgangs-Realität nicht mehr viel zu tun hat.
- **Tun Sie nicht so, als wär' nichts.** Starke Emotionen sind für andere wahrnehmbar. Der andere weiß vielleicht nicht, was es ist, aber er merkt: „Da stimmt was nicht!" Sprechen Sie das Problem an und suchen Sie Worte für Ihr Gefühl. Das erleichtert Ihnen und anderen den Umgang miteinander.

- **Führen Sie keine Grundsatzgespräche im Affekt.** Wenn Sie akut erregt oder ärgerlich sind, sind Ihre geistigen Fähigkeiten leider nur bedingt einsatzbereit. Die Chance, dass Sie ein Gespräch lösungsorientiert führen und zu einem guten Ergebnis bringen, ist im heftig emotionalen Zustand deutlich geringer. Führen Sie solche Gespräche mit etwas Abstand zum Geschehen. Eine Nacht drüber schlafen ist dabei eine gute Faustregel.
- **Geben Sie nicht anderen die Verantwortung für Ihr Gefühl.** Das Verhalten des anderen mag Ihr Gefühl ausgelöst haben, aber dass Sie dieses Gefühl haben, ist „Ihr Ding". Einer lacht über einen Witz, ein anderer ärgert sich, ein dritter ist gekränkt. Verantwortlich für unsere Gefühle – zumindest als mündige Erwachsene – sind wir selbst. Nicht: „Du bist schuld, dass ich so leide...", sondern: Erklären, was das Verhalten des anderen bei Ihnen auslöst und was Sie sich anders wünschen.

Ich habe Ihnen hier allgemeine Tabus aufgelistet, die verhindern, dass Sie sich selbst in schwierig zu steuernde Situationen bringen. Sie kennen sich jedoch besser, als irgendeine Autorin Sie kennen kann. Überlegen Sie, wo Sie immer wieder in die gleiche emotionale Falle tappen und sich dadurch in eine für Sie ungünstige Lage bringen. Was soll für Sie tabu sein? Listen Sie diese Tabus auf. Geben Sie sich dann selbst Ratschläge. Wie sollten Sie in solchen Situationen handeln?

Meine höchst persönlichen Tabus?

Meine Coaching-Tipps für mich?

Positives Feedback geben Übung 23

Manche Leute haben keine Probleme auszudrücken, was sie stört, finden jedoch für Positives keine Worte. Diese Einseitigkeit belastet Beziehungen im Privaten wie im Beruflichen. Rückmeldung von Positivem stabilisiert und vertieft Beziehungen, beugt negativen Phantasien vor („Sie schätzt meine Arbeit nicht.", "Er hält alles für selbstverständlich.") und macht das Leben für alle Seiten angenehmer. Finden Sie passende Formulierungen für folgende Situationen:

1 Ihr Assistent hat wegen einer Dienstreise für Sie ein Hotelzimmer gebucht. Weil er weiß, dass Sie auswärts schlecht schlafen, hat er extra dafür gesorgt, dass Sie ein am Ende des Gangs gelegenes Zimmer zum Garten hin bekommen. Die Nacht in der Fremde war dann gleich halb so schlimm. Sie sagen/mailen: ...

2 Sie nehmen an einer Fortbildung teil. Die Referentin ist gut vorbereitet und geht auch intensiv auf die spontan auftauchenden Fragen und Interessen der Teilnehmer/innen ein. Sie haben nicht nur viel gelernt, sondern sich im Seminar auch sehr wohl gefühlt. Sie sagen/mailen:

3 Ihre Mutter/Ihr Vater ist stets zur Stelle, wenn Sie Hilfe wegen der Betreuung Ihrer Kinder/Ihres Hundes/Ihrer Pflanzen brauchen. Sie sagen: ...

Lösung

Alle Untersuchungen zur Arbeitszufriedenheit in Unternehmen haben in einem Punkt immer dasselbe Ergebnis: Die überwiegende Zahl der Mitarbeiter/innen fühlt sich und die eigene Arbeit nicht genügend gewürdigt. Frei nach dem Motto „Nicht gemeckert, ist genug gelobt", nimmt man Gutes einfach kommentarlos als selbstverständlich hin. Anerkennung und Wertschätzung machen das Miteinander, die Arbeit, das Leben aber schlechthin angenehmer und motivieren. Es ist nicht einzusehen, warum man gerade mit positiven Rückmeldungen sparsam umgehen sollte. Lächeln ist in diesen Fällen natürlich stimmig und absolut erlaubt! Mögliche Antworten zu den Beispielen:

1 „Also da haben Sie mir wirklich ein ganz tolles Zimmer gebucht. Vielen Dank. Ich fand das wirklich nett, dass Sie sich so viel Mühe gegeben haben. Die ganze Sache war dann gleich halb so schlimm, und das Gespräch mit dem Kunden lief wunderbar!"

2 „Ich fand das Seminar sehr gut. Die Tage gingen super schnell vorbei und ich fühle mich richtig bereichert. Besonders gut fand ich, dass Sie nicht einfach ein Programm durchgezogen haben, sondern tatsächlich auf die Fälle der Einzelnen eingegangen sind. Vielen Dank!"

3 „Wenn ich Euch nicht hätte! Ich bin so froh, dass Ihr immer da seid, wenn ich Euch brauche. Ihr könnt Euch nicht vorstellen, wie beruhigend das für mich ist, dass ich mich so auf Euch verlassen kann! Ich hoffe aber, Ihr sagt mir auch ehrlich, wenn es Euch mal zu viel ist."

Gefühle regulieren

In diesem Kapitel üben Sie, wie Sie

- die Macht von Gedanken für sich nutzen können,
- über Ihren Körper gezielt Gefühle beeinflussen können,
- mit Verhaltensstrategien Ihre Gefühle regulieren können.

Darum geht es in der Praxis

Gefühle fallen nicht vom Himmel. Ein Gefühl ist eine Reaktion Ihres Organismus auf eine reale oder gedanklich vorgestellte Situation. Auf welche Gedanken/Situationen Sie wie reagieren, haben Sie größtenteils durch entsprechende Erfahrungen in Ihrem Leben gelernt.

Das Gefühlssystem ist lebenslang lernfähig. Sie können also typische Gefühlsmuster verändern, wenn Sie das möchten. Manchmal ist dies ein langwieriger Prozess, aber Dank der Plastizität unseres Gehirns ist dies möglich. Auch können wir lernen, unsere Gefühle zu regulieren, also auf ihre Intensität und ihren Verlauf Einfluss zu nehmen. Wenn Sie schnell wütend und laut werden, können Sie lernen, nicht so schnell anzuspringen. Auch können Sie konstruktive Alternativen zum Lautwerden erlernen. Die Möglichkeit, auf Ihre Gefühle, deren Verlauf und Intensität Einfluss zu nehmen, gibt Ihnen größere innere Freiheit im Umgang mit schwierigen Situationen. Sie werden nicht von Ihren Gefühlen getrieben, sondern können sich deren Information und Energie zunutze machen. Ihr Handlungsspielraum und Ihre Souveränität vergrößern sich auf diese Weise. Sie können Ihre Gefühle auf drei Ebenen regulierend beeinflussen, nämlich auf

- der mentalen Ebene – mit Ihren Gedanken
- der physiologischen Ebene – mit körperlichen Techniken
- der behavioralen Ebene – mit dem Einsatz bestimmter Verhaltensweisen und Gesprächstechniken.

Die Macht der Gedanken

Stärkende Gedanken nutzen — Übung 24

Sie können ein Gefühl durch Ihren inneren Monolog regulieren, das heißt durch Worte, die Sie still zu sich selbst sprechen, bzw. durch Gedanken, die Sie durch den Kopf ziehen lassen. Ihre inneren Worte und Gedanken können das Gefühl anfeuern und verstärken oder auch relativieren, umlenken, abschwächen. Gedanken können darüber hinaus losgelöst von einer realen Situation heftige Gefühle auslösen. Sie sind für uns also eine wirkungsvolle Macht, um uns und unsere Gefühle zu beeinflussen.

Notieren Sie in der folgenden Tabelle jeweils, ob der Gedanke für die Person in der geschilderten Situation hilfreich ist oder ob er sie eher daran hindert, mit der Situation konstruktiv umzugehen, oder negative Gefühle sogar verstärkt. Kreuzen Sie jeweils das Kästchen mit der aus Ihrer Sicht passenden Pfeilrichtung an: ↑ = hilfreich, → = neutral, ↓ = erschwerend.

1 Carola Kindig ist in einer Prüfung. Der Professor stellt ihr eine Frage, die sie nicht spontan beantworten kann. Der Schreck fährt ihr in die Glieder.

A	Mist, ich wusste ja, dass die Prüfung danebengeht! Hätte ich mich nur nicht gemeldet!	↑ → ↓
B	Ganz ruhig. Ich sage offen, dass ich das im Moment nicht sicher beantworten kann, dass	↑ → ↓

ich aber basierend auf meinem Vorwissen folgende Vermutung habe ...

C Jetzt merken sie, dass ich keine Ahnung habe. ↑ → ↓

D Kann passieren. Keiner weiß alles. Weiter! ↑ → ↓

E Ach, nutze ich meine Strategie und lenke ihn auf ein Thema, in dem ich mich auskenne. ↑ → ↓

2 Tobias Meier hatte ein Mitarbeitergespräch mit seinem Chef. Die Bewertung seiner Leistung fiel schlechter aus, als er sich selbst sieht. Er fühlt sich ungerecht behandelt und ist sauer.

A Dieser blöde Hund. Hat selbst keine Ahnung und nimmt sich raus, mich beurteilen zu können. Dem werd' ich's zeigen. Ich habe auch meine Möglichkeiten, mich zu rächen. ↑ → ↓

B Gut, er sieht das so. Ich seh' das anders. Mein Wert hängt nicht von ihm ab. Ich weiß, dass ich meine Arbeit gut mache. ↑ → ↓

C Nichts mache ich richtig. Auch bei diesem Job läuft wieder alles schief! ↑ → ↓

D Der könnte auch mal eine Führungskräfteschulung gebrauchen. Fand ich nicht gut, wie er mich behandelt hat. Er hat mir nicht zugehört und sich nicht bemüht, meine Sicht zu verstehen. Wenn das nicht besser wird, schaue ich mich nach anderen Möglichkeiten im Unternehmen/woanders um. ↑ → ↓

3 Carsten Löbe beobachtet auf einer Party, dass sich seine Partnerin mit einem ihrer Kollegen abseits an einem Tischchen bestens unterhält. Sie amüsiert sich köstlich. Er spürt Eifersucht und Ärger aufsteigen.

A	Aha, siehst du mal. Sie hintergeht dich. Tut immer so lieb und brav, als wäre alles in bester Ordnung, aber in Wirklichkeit bandelt sie hinter meinem Rücken mit anderen an.	↑ → ↓
B	Oh, das macht mir was aus, dass sie sich mit dem anderen so gut versteht. Möcht' wissen, was das für ein Kollege ist. Ich werde sie morgen darauf ansprechen. Ich möchte wissen, was für eine Art Beziehung das ist.	↑ → ↓
C	Sie ist wirklich eine tolle Frau. Klar, dass auch andere sie gerne mögen. Ich kann wirklich glücklich sein, dass sie sich entschieden hat, mit mir zusammenzuleben.	↑ → ↓
D	Hey, reg' dich mal nicht so auf. Das ist ihr gutes Recht, sich auf einer Party zu amüsieren. Sei froh, dass sie fröhlich ist. Du wolltest doch eine selbstbewusste und attraktive Frau und nicht so ein frustriertes Mauerblümchen!	↑ → ↓
E	Dieser Mistkerl! Was fällt dem ein, meine Frau anzubaggern. Ist doch offensichtlich, was der im Schilde führt! Das gibt Ärger!	↑ → ↓

4 Sabine Schneider muss stellvertretend für ihre erkrankte Kollegin am nächsten Tag eine Präsentation vor der Geschäftsführung halten. Sie spürt Unwillen und Angst.

A	„Warum ausgerechnet ich? Ich hab' schon genug am Hals. Außerdem kann ich gar nicht präsentieren. Ich weiß gar nicht, was ich da sagen soll."	↑ → ↓
B	„Hoffentlich geht das gut. Was für eine Blamage, wenn ich da vor den hohen Tieren patzen würde. Mir wird jetzt schon ganz schummrig, wenn ich nur dran denke."	↑ → ↓
C	„Deine Chance! Bisher kennen die meisten dich da gar nicht. Gute Gelegenheit, deine Kompetenzen zu zeigen."	↑ → ↓
D	„OK, Schiss habe ich schon. Aber ich werde das gut vorbereiten. Im Grunde kann ich das, was Pia macht, auch. Wenn ich was nicht weiß, wird jeder mir das nachsehen, weil ich ja kurzfristig eingesprungen bin."	↑ → ↓
E	„Sie haben mich ausgewählt, nicht Ralf. Vielleicht ist das ja schon eine Probelaufen für die zukünftige Projektleitung. Ich werde die Sache mit Katrin Probe sprechen, damit es gut klappt."	↑ → ↓

5 Jennifer Bohl wird von ihrem Vorgesetzten nach Abschluss ihres Projekts sehr gelobt. Er sei rundum zufrieden und halte viel von ihr.

A	„Na, warum betont er das extra? Hab' ich etwa sonst nicht gut gearbeitet?"	↑ → ↓
B	„Schön, dass er sieht, dass ich mich richtig reingehängt habe. Ich bin auch zufrieden mit meiner Arbeit!"	↑ → ↓
C	„Ist mir peinlich, wenn er mich hier vor den anderen so raushebt. Ist doch selbstverständlich, dass ich meine Arbeit mache!"	↑ → ↓
D	„Na ja, so toll ist es ja nicht. Die Schriften auf Seite 17 sind zu klein, außerdem fehlt ..."	↑ → ↓
E	„Ja, ich habe echt dazu gelernt. Es lief echt super und die Verhandlungen mit dem Kunden habe ich auch besser in den Griff gekriegt als früher. Als nächstes möchte ich ..."	↑ → ↓

Auswertung

1 A und C sind Gedanken, welche die bereits durch den Schreck ausgelöste Panik noch steigern. Sie nehmen einen negativen Ausgang der Sache vorweg. Der Körper wird weitere Stresshormone ausschütten, wodurch die Hirnleistung noch stärker gemindert wird.↓ Antwort D beinhaltet eine realistische Einschätzung und ist dadurch beruhigend.↑ B und E zeigen Strategien auf, wie man die Situa-

tion bewältigen könnte. Verfügt man über solche Strategien, empfindet man die Situation zwar noch als Herausforderung, aber nicht mehr als Überforderung, also als Notsituation, die Angst- und Panikgefühle auslöst.↑

2 A und C steigern die Entwicklung eines belastenden Gefühls. A fördert die Aggression gegen den Chef, die jedoch ins Leere führt. Herr Meier wird dadurch weder die Meinung seines Chefs ändern, noch wird er ihn los. Rache führt zur Eskalation.↓ Bei C richtet er die Aggression gegen sich. Das Feedback einer Person nimmt er absolut und reiht es ein in eine Sammlung von negativen Selbstzuschreibungen. Das wird seine Situation ebenfalls nicht verbessern.↓ B ist eine realistische Einschätzung der Situation. Sie relativiert die Wichtigkeit dieses einen Gesprächs. Herr Meier erinnert sich an seinen Selbstwert, der unabhängig von den Einschätzungen anderer besteht.↑ D umfasst eine saubere Analyse der Ist-Situation. Sie beinhaltet aber auch eine Strategie für die Zukunft. Ärger gibt einem die Kraft auch etwas zu verändern.↑

3 A zeigt, wie man sich durch Gedanken in ein Gefühl hineinsteigern kann. Vielleicht ist es eine rein kollegiale Beziehung, aber Carsten deutet eine Gefährdung für seine Beziehung und Betrug hinein, ohne dies real überprüft zu haben. Gefühl und Realität können weit auseinander klaffen.↓ B ist eine gute Selbstbeobachtung, gekoppelt mit einer guten Strategie, die Sache zu überprüfen, anzusprechen, zu klären.↑ C und D wirken selbststärkend und dadurch auch beruhigend.↑ E ist eine typische Reaktion. Angst (hier: die Partnerin an einen attraktiven Konkurren-

ten zu verlieren) wird überspielt durch Aggression. Als Aggressor fühlt man sich stärker und nicht so verletzbar wie als verschmähter Liebhaber. Wie bei A ist die Reaktion unangemessen, da sie allein auf Phantasie und Unterstellung beruht.↓

4 A und B verstärken die Zweifel und entsprechende Ängste. Diese Gedanken helfen Frau Schneider nicht, die anstehende Aufgabe wirklich gut zu bewältigen.↓ D beschreibt das eigene Gefühl treffend, erkennt es an, gibt aber auch eine realistische Analyse der Situation und wirkt dadurch beruhigend.↑ C und E sind stark ermutigend, weil sie den Gewinn der bevorstehenden Situation aufzeigen. Dadurch wird die Angst und Sorge verdrängt durch die Lust, etwas zu gewinnen. E beinhaltet eine Bewältigungsstrategie, was immer einen positiven Effekt hat.↑

5 A, C und D sind Gedanken, die einen Schatten auf ein eigentlich positives Ereignis werfen. Sie untergraben den Stolz auf die eigene Leistung und verhindern die berechtigte Freude am verdienten Erfolg. Sie verhindern dadurch einen Zuwachs an Selbstwertgefühl und Selbstbewusstsein.↓ B und E sind hilfreich für die Persönlichkeitsentwicklung. Leistung findet Anerkennung. Bei E stellt man sich nach einer erfolgreichen Etappe die nächste Entwicklungsaufgabe.↑

Mentale Kräfte aktivieren Übung 25

Die Gedanken, die eine Situation kommentieren (siehe vorige Übung), kommen von alleine, egal ob Sie das möchten oder nicht. Manche haben stärkende oder beruhigende Wirkung↑, manche verschlimmernde Wirkung bis hin zur Eskalation↓. Auf Neutrales → reagiert das Gehirn in der Regel nicht.

Gerade der unbewusst arbeitende Teil des Gehirns arbeitet digital: Es gibt 0 oder 1 bzw. + oder -, ↑ oder ↓. Alles andere hat keinen Effekt. Für die Bewältigung stark emotionaler oder auch belastender Situationen (wie Wettkampf, Prüfung, Auftritt, Krisensitzung etc.) brauchen Sie also für sich selbst mentale Anweisungen, die eine eindeutige Wirkung haben.

Selbstinstruktion funktioniert so: Sie reden im Stillen mit sich und geben Ihrem Körper bzw. sich selbst dadurch Hinweise, wie er die Lage einzuschätzen hat und was jetzt zu tun ist. Selbstinstruktion wirkt besser, wenn Sie folgende Regeln beachten:

- **Nutzen Sie kurze Sätze.** „Das ist normal", „Du schaffst das."
- **Formulieren Sie positiv.** Wenn Sie sich beruhigen wollen, brauchen Sie positive Formulierungen. Also nicht: „Hab keine Angst." Allein das Wort Angst verstärkt das Angstgefühl. Sagen Sie sich: „Bleib ruhig. Es ist OK. Das hast du schon öfters hingekriegt."

- **Geben Sie sich Handlungsanweisungen.** In Stresssituationen schaltet der Körper auf eines seiner Notmuster um: fight (kämpfen), flight (fliehen) oder freeze (erstarren). Indem Sie sich Handlungsanweisungen geben, aktivieren Sie ein anderes Handlungsmuster. Sie können aus Ihrer Starre oder Fixierung heraus. Beispiel: „Du reagierst erst mal nicht und spielst etwas auf Zeit mit Nachfragen. Dann entscheidest du, ob ...".
- **Sprechen Sie sich an.** Sie haben zwei Möglichkeiten, bei sich selbst eine Wirkung zu erzeugen. Entweder Sie instruieren sich über Ich-Sätze oder Sie sprechen sich als Dialogpartner an. Sie können sich also sagen: „Sag jetzt nichts" oder „Ich sage jetzt nichts." Finden Sie heraus, welche Form besser bei Ihnen wirkt.
- **Vermeiden Sie Hoffentlich-Sätze.** Hoffentlich birgt immer die Gefahr, dass der Wunsch nicht eintritt. Wünschen Sie, dass etwas nicht geschieht und es tritt trotzdem ein, ist der Schock umso größer.
- **Entwickeln Sie Strategien.** Alternativen zu Hoffentlich-Konstruktionen sind Wenn-dann-Szenarien.

Probieren Sie's nun selbst. Schreiben Sie drei Situationen auf, in denen Sie sich nicht so wohl fühlen, weil Gefühle von Angst, Ärger, Neid o.Ä. Sie beeinträchtigen. Was könnten Sie sich sagen, um in dieser Situation handlungsfähig, entspannt, optimistisch zu sein? Welche Sätze könnten Ihnen helfen? Beachten Sie die oben dargestellten Regeln.

Mit Körpertechniken Gefühle regulieren

Alle Gefühle sind durch ein bestimmtes Körpermuster charakterisiert (siehe hierzu „Belastende/hilfreiche Gefühle erkennen", Seite 140 ff.). Verändern Sie dieses Körpermuster, wird die Entfaltung des Gefühls gestört. Zum Körpermuster von Angst gehört eine bestimmte Erregungskette, die aus mehreren Bausteinen besteht. Ein Baustein ist die schnelle, hohe, flache Atmung, weitere sind ein erhöhter Puls, erhöhte Muskelspannung, das Einstellen der Verdauungstätigkeit etc. Manche dieser Körperreaktionen müssen wir hinnehmen, da wir sie nicht unmittelbar willentlich steuern können (z. B. Verdauung, Pulsfrequenz, Blutdruck). Zwei Körperfunktionen – also zwei Bausteine der gesamten Kette – können wir jedoch auch bewusst beeinflussen:

- Atmung und
- Muskelspannung.

Über die bewusste Beeinflussung dieser beider Körperfunktionen können wir die für bestimmte Gefühle typische Erregungskette unterbrechen. Es gibt verschiedene Techniken, um diese Funktionen aktiv zu beeinflussen. Allen Techniken gemeinsam ist: Man muss sie üben, damit man sie in der Stresssituation zuverlässig anwenden kann.

Atemtechniken gezielt trainieren

Bei Stress, Angst und Ärger stellt die Atmung auf Leistungsatmung um. Das ist eine kurze, flache Atmung in den oberen Teil des Brustkorbs. Die Leistungsatmung ist eine Technik für kurzzeitige Belastung, z. B. Sprint oder Gewichtheben. Bei längerfristigem Stress ist diese Atmung belastend. Sie führt zu einer Sauerstoffunterversorgung, erhöht damit den Stress für den Körper und damit auch für Sie selbst – ein Teufelskreislauf entsteht. Um die Erregungskette mittels Atmung zu unterbrechen, sind alle Techniken hilfreich, die auf Bauchatmung, langes Ausatmen und einen ruhigen Atemrhythmus abzielen. Integrieren Sie folgende Übungen in Ihren Alltag. Viele Übungen lassen sich auch nebenbei trainieren ...

Drei-Phasen-Atmung — Übung 26

In entspannten Situationen ist die Atmung dreiphasig: Einatmung – Ausatmung – Pause. In der Pause regeneriert sich die Muskulatur, tiefe körperlicher Entspannung ist möglich. Beobachten Sie in Ruhesituationen (z. B. auf dem Sofa) Ihre Atmung. Versuchen Sie die Ausatemphase zu verlangsamen und die Pause zu verlängern. Lassen Sie die Einatmung erst zu, wenn ein starkes Bedürfnis entsteht. Entschleunigen Sie den Rhythmus: Einatmung kommen lassen, lang gezogenes, langsames Ausatme, Pause mit körperlicher Entspannung, bis Impuls zur Einatmung kommt. Beobachten Sie das mindestens einmal täglich und speichern Sie das Gefühl ab!

Blumenduft-Übung Übung 27

1. Schließen Sie die Augen. Das Ausschalten des Sehsinnes intensiviert die Aufnahmefähigkeit anderer Sinne.
2. Stellen Sie sich vor, Sie riechen an einer duftenden Blume. Sie wollen den Duft ganz in sich aufnehmen und genießen. Atmen Sie mit dieser Vorstellung ein.
3. Die Flanken Ihres Bauchraums weiten sich, die Atmung fließt mühelos tief in den Körper.
4. Folgen Sie dann Ihrem Impuls auszuatmen.
5. Wenn Sie gleichzeitig Ihr Zwerchfell trainieren wollen – das ist einer Ihrer Haupt-Atemmuskeln – können Sie die Lippen beim Ausatmen etwas enger zusammenführen. Dadurch erzeugen Sie einen kleinen Luftwiderstand und ein f-ähnlicher Laut entsteht.

Machen Sie 2 bis 3 Durchgänge der Übung. Zwischen jedem Durchgang sind jedoch ein paar normale Atemzüge Pause nötig.

Alternative: Sie können diese Übung ebenso an einer realen Pflanze vornehmen – einem Fliederbusch auf Ihrem Weg, einer Rose im Garten... Wenn Sie sich angewöhnen, an duftenden Sträuchern innezuhalten und ihren Duft zu genießen, tun Sie Ihrer Atmung und Atemmuskulatur gleichsam etwas Gutes. Die ganze Muskulatur im Bauchraum wird geweitet und gelockert, die Atmung insgesamt vertieft, Stress reduziert.

Ausatmung verlängern — Übung 28

Bei Stress neigt man zu einer vermehrten Einatmung. Die Ausatmung kommt zu kurz, es wird nicht genügend CO_2 abgegeben, dadurch kann nicht genügend Sauerstoff aufgenommen werden. Der Sauerstoffmangel führt zur Erhöhung des Stresspegels. Wirksames Mittel, um den Stresskreislauf und einen ungünstigen Atemrhythmus zu unterbrechen ist es die Ausatmung zu verlängern zu aktivieren. Dies hat immer und dazu in kürzester Zeit eine erregungsreduzierende Wirkung. Die Übung machen Sie besser, wenn Sie ungestört sind, weil sich andere sonst vielleicht wundern, welche „komischen Geräusche" Sie von sich geben.

Variante 1:

- Lassen Sie die Einatmung ganz normal kommen, atmen Sie nicht besonders tief oder lang ein, sondern arbeiten Sie mit dem bisschen Luft, was Sie sonst auch fürs Sprechen nutzen.
- Dann formen Sie den Laut „f" und atmen auf „fffffffffffff" hörbar aus. Formulieren Sie das „f" ruhig etwas fester, dann hat Ihr Zwerchfell mehr Widerstand. Halten Sie das „f" so lange wie möglich.

Variieren Sie die Übung mit einem stimmlosen „s" (also wie das „s" in Messer) und einem „sch" (wie in schön). Messen Sie ab und an, wie viel Sekunden Sie die Laute halten können. Gut wäre, wenn Sie im Laufe der Wochen eine Steigerung merken.

Variante 2: Machen Sie diese Übung im Gehen. Wenn Sie draußen spazieren gehen, suchen Sie sich ein Ziel, steuern darauf zu und halten Sie das „f", „s" oder „sch" so lange, bis Sie das Ziel (z. B. einen Baum) erreicht haben. Allmählich entwickeln Sie ein Gefühl dafür, welche Ziele Sie tatsächlich mit Ihrem Atemstrom erreichen können. Auch auf Gängen im Haus können Sie Ihr Zwerchfell und Ihre Ausatemtechnik trainieren, indem Sie Pflichtgänge mit einer forcierten Ausatmung verbinden. Nach dem Ausatmen lassen Sie einfach Kinn, Zunge, Lippen locker und atmen ein paar Mal ganz normal, bis Sie die Übung wiederholen.

Atmung über Bewegung steuern — Übung 29

Unsere Atmung lässt sich auch über Bewegung steuern. Beides ist miteinander gekoppelt. Haben Sie große Spannung im Körper, halten Sie etwas verkrampft fest, stockt auch der Atem. Machen Sie dagegen eine große weite Bewegung, wird diese durch Atmung begleitet.

Versuchen Sie es: Heben Sie einen Arm über den Kopf. Was macht Ihre Atmung beim Hochheben? Was macht Ihr Atem, wenn Sie den Arm wieder senken – beides ohne dass Sie darüber nachdenken müssten? Vermutlich atmen Sie beim Hochheben ein, beim Herablassen aus. Diese Verbindung kann man nutzen, um den Atemrhythmus zu beruhigen und damit Erregung (hervorgerufen durch Stress, Angst, Ärger, Nervosität etc.) zu reduzieren.

Variante 1:

1 Stellen Sie sich hüftbreit hin, Knie locker, Körper aufgerichtet, Gesicht entspannt, Kinn locker. Formen Sie die Hände, als würden Sie einen Fußball halten.

2 Heben Sie langsam die Arme mit dem Ball langsam über den Kopf (Einatmung). Oben drehen Sie die Hände so, dass der Handrücken nach oben zeigt. Dann führen Sie beide Hände sehr langsam, so, als würden Sie den Ball gegen einen Widerstand halten, nach unten (Ausatmung).

3 Führen Sie die Arme erst dann wieder nach oben, wenn Sie einen Einatemimpuls verspüren.

4 Wiederholung 5- bis 10-mal.

Variante 2:

1 Gleicher Stand wie oben. Führen Sie beide Arme beim Einatmen nach außen, wie ein Star, der sich auf der Bühne feiern lässt, die Welt umarmen möchte. Genießen Sie Ihre Größe und das Gefühl des ausgebreiteten, gedehnten Brustkorbs. Führen Sie die Arme weiter gestreckt über den Kopf. Ihr Atemraum wird dadurch noch größer.

2 Beim Ausatmen führen Sie die Arme nach unten, beide Handflächen zeigen dabei Richtung Boden. Stellen Sie sich dabei vor, dass Sie die Hände gegen Widerstand nach unten führen.

3 In der Atempause lassen Sie die Arme locker hängen.

4 Wiederholen Sie den kompletten Übungsablauf 5-mal. Je langsamer Ihnen das gelingt, desto mehr Ruhe bringen Sie in Ihren Körper.

Bauchatmung aktivieren Übung 30

Wenn Sie zu einer Hochatmung neigen, also beim Einatmen vor allem den Brust- und nicht den Bauchraum nutzen, können Sie zusätzlich Drehübungen machen.

1 Sie stehen aufrecht, locker, haben mindestens eine Armlänge Platz um sich.
2 Sie drehen den Oberkörper um die eigene Achse, wechselnd nach links und nach rechts. Die Füße bleiben dabei auf ihrem Platz, nur die Ferse kann bei der Drehung leicht anheben. Ihre Arme fliegen locker in der Luft mal zur linken und mal zur rechten Seite. Ihre Atmung passt sich Ihrem Drehrhythmus an.

Die Übung lockert Sie insgesamt, ist aktivierend (z. B. bei Müdigkeit), dehnt Ihre Flankenmuskulatur und erleichtert so die Bauchatmung. Alle Dehnübungen, die Ihre Flanken dehnen, motivieren verstärkte Bauchatmung.

Alternative:

1 Legen Sie sich auf den Rücken, stellen Sie die Knie auf, die Arme sind rechts und links ausgebreitet.
2 Legen Sie die Knie langsam nach links ab. Die Schultern bleiben am Boden, der Kopf dreht nach rechts.
3 Lassen Sie den Atem ruhig in den „verdrehten" Bauchraum fließen. Nach 1 bis 2 Minuten Seitenwechsel.

Körperspannung optimal einstellen

Das Körpermuster für Stress und belastende Gefühle ist gekoppelt mit einer erhöhten Spannung der Muskulatur. Können Sie gezielt Spannung reduzieren, wird die Erregungskette im Körper unterbrochen und der Stress wird reduziert, bzw. die belastende Emotion kann sich nicht weiter ausbreiten. Die Übungen zur Atemkontrolle oben sind auch spannungsreduzierend. Kontrollieren Sie Ihre Atmung, nehmen Sie also indirekt auch Einfluss auf die Spannungsverhältnisse im Körper. Gerade beim Ausatmen und in der Atempause ist tiefe muskuläre Entspannung möglich. Es lohnt sich aber, zusätzlich Techniken zu lernen, die Muskulatur aktiv zu entspannen. Hier sind ein paar einfache Techniken, deren Training Ihnen hilft, in emotional belastenden Situationen besser loslassen zu können.

Spannen – Lösen Übung 31

Manchmal merkt man gar nicht, dass man angespannt ist. Es ist dann schwierig die Muskulatur zu entspannen. Um trotzdem Ihre Muskulatur zu lösen, können Sie sich eines einfachen Tricks bedienen. Man übertreibt die Spannung, steigert sie also, um sie dann lösen zu können: Setzen Sie sich aufrecht auf einen Stuhl, Fußflächen auf dem Boden. Wenn Sie die Augen schließen, können Sie besser wahrnehmen, was in Ihrem Körper geschieht. Spannen Sie den rechten Arm fest an, die Hand zur Faust geballt. Halten Sie diese Spannung 10 bis 20 Sekunden. Lassen Sie los und genießen Sie dieses Loslassgefühl. (Fortsetzung auf der nächsten Seite)

Wiederholen Sie die Übung mit dem linken Arm. Mit dieser Technik können Sie den ganzen Körper durchgehen. Ein Körperteil fest anspannen, die Spannung halten, halten, halten – die Muskeln können dabei auch ins Zittern kommen, dann lösen, ausatmen (geschieht von allein) und die Entspannung genießen, das Loslassgefühl in Ihrem Körpergedächtnis wie eine Datei abspeichern. Mit folgenden weiteren Körperteilen können Sie das Spannen-Lösen trainieren:

- Bein anspannen, indem Sie die Fußsohle gegen den Boden drücken, als wollten Sie durch den Boden hindurch;
- Gesäßmuskeln anspannen, als müssten Sie Stuhlgang einhalten;
- Bauch anspannen, als sei Ihre Hose zu eng;
- Schultern anspannen, als seien Ihre Schulterbretter ein zusammenhängendes Brett, das niemand bewegen kann;
- Hals anspannen, als wollten Sie verhindern, dass Ihnen jemand den Kopf nach vorn drückt.

Sie können die Übung auch im Kleinen – z. B. während einer langweiligen Besprechung – üben. Bein unterm Tisch anspannen – lösen. Faust ballen – lösen. Daumen und Zeigefinger fest zusammenpressen – lösen.

Praxistipp

Je regelmäßiger Sie üben, desto zuverlässiger steht Ihnen das Gefühl zur Verfügung. Sie können es dann in Stresssituationen abrufen. In Kursen für progressive Muskelentspannung trainieren Sie diese effektive Technik systematisch.

Lösen durch Klopftechnik Übung 32

Gerade wenn man nervös und angespannt ist, kann es sein, dass man zu unruhig für Entspannungsübungen ist. In diesem Fall helfen mechanische Übungen, die von außen auf die Muskulatur wirken. Die Muskulatur ergibt sich dem Klopfen und löst sich dadurch. Der vitalisierende Effekt: Der Kreislauf wird angeregt, die Atmung vertieft. Alternativ können Sie sich von einer vertrauten Person locker klopfen lassen.

- Stellen Sie sich hin oder setzen Sie sich auf die Kante eines Stuhls.
- Klopfen Sie mit der flachen rechten Hand die Oberseite des linken Arms ab, beginnend mit dem Handrücken, dann aufwärts bis zur Schulter und zurück. Klopfen Sie fest genug, kein zartes Tätscheln!
- Wiederholen Sie das mit der linken Hand am rechten Arm.
- Klopfen Sie dann mit einer Hand den Fußspann des linken Beins und dann mit beiden Händen die Waden und den Oberschenkel des linken Beins. Tun Sie das kräftig, so dass es richtig laute Klopfgeräusche mit guter Resonanz gibt. Linkes Bein rauf und runter, dann am rechten Bein.
- Klopfen Sie mit beiden Händen Ihren Po, die Hüften und – etwas vorsichtiger – den Bauch. Dann ebenfalls vorsichtig, den Brustkorb. Sie klopfen mit der rechten Hand die linke Seite und umgekehrt.
- Am Schluss klopfen Sie mit den Fingerkuppen locker Kopf und Gesicht ab, Stirn, Wangen, Kinn, Nasenflügel.

Streichen Sie danach mit der flachen Hand die Körperoberfläche ab, als wollten Sie Staub abwischen.

Mentale Muskelentspannung Übung 33

Bei dieser Übung nutzen wir das Phänomen, dass der Körper auf vorgestellte Situationen ähnlich reagiert wie auf reale. Stellen Sie sich intensiv eine entspannende Situation vor, weiß Ihr Körper, wie sich das anfühlt. Er simuliert dann diesen Zustand im Hier und Jetzt – die Muskulatur löst sich und passt sich an den Zustand in Ihrer Vorstellung an. Sie können also über Gedanken Ihre Muskulatur beeinflussen.

- Suchen Sie sich einen ruhigen, ungestörten Ort und bringen Sie sich in eine entspannende Lage.
- Schließen Sie die Augen.
- Erinnern Sie sich an eine Situation, in der Sie sich körperlich sehr ruhig, sehr entspannt, sehr wohl gefühlt haben. Stellen Sie sich diese Situation so vor, als sei sie jetzt.
- Lassen Sie Ihren Körper spüren, wie sich das anfühlt(e). Speichern Sie diese Erinnerung, dieses Bild, dieses Gefühl so ab.
- Ergänzend können Sie diesem Augenblick einen Namen geben (z. B. Warme Wanne, Sauna, Omas Garten).

Wiederholen Sie das Hervorholen dieser Erinnerung regelmäßig, am Anfang in für Sie ohnehin ruhigen Situationen mit geschlossenen Augen. Wenn Sie merken, dass dies zuverlässig klappt und Ihr Körper positiv reagiert, üben Sie dies auch in belebteren Situationen und mit offenen Augen: im Bus auf dem Zahnarztstuhl (Herausforderung!). Gelingt Ihnen das? Immer besser? Dann können Sie diese Technik als wirksame Stressprophylaxe vor schwierigen Aufgaben einsetzen.

Hilfreiche Handlungsstrategien entwickeln

Es ist beruhigend zu wissen, wie man sich in bestimmten Situationen helfen kann. Ungewissheit in schwierigen Situationen ist belastend – Ihr Gefühlssystem reagiert darauf mit stärkerer Erregung in Form von Stress, Angst, Aggression. Welche Situationen dabei als besonders belastend erlebt werden, kann sehr unterschiedlich sein. Einer hat Angst vor unvorhersehbaren Fragen bei Präsentationen, eine andere kommt sofort aus dem Konzept, wenn sie ein bestimmter Kollege blöd anmacht, wieder andere werden schnell ungeduldig oder – umgekehrt – kriegen Panik, wenn sie unter Druck gesetzt werden.

Wichtig ist, dass Sie für immer wiederkehrende Situationen, die Sie gefühlsmäßig belasten, Handlungsstrategien entwickeln, die Ihnen helfen, damit umzugehen. Die Situationen verlieren dadurch ihren Schrecken. Sie wissen ohne großes Überlegen, wenn das und das passiert, kann ich das und das tun – das hilft (mir). Allein dieses Wissen hat einen beruhigenden Effekt. Darüber hinaus haben handlungsorientierte Strategien zur Problembewältigung auch einen positiven Effekt auf Ihre Umwelt und die aktuelle Situation.

Situations-Analyse **Übung 34**

Keine Strategie ohne vorausschauende Analyse: Bei sich wiederholenden Ereignissen haben wir gute Möglichkeiten, auf unser Verhaltensmuster Einfluss zu nehmen. Wir kennen die Situationen, in denen die belastenden Gefühle ausgelöst werden, wir kennen unser Empfinden und Standardverhalten. Aufbauend auf diesem Wissen können wir neue, hilfreiche Verhaltensweisen in unser Verhaltensmuster integrieren. Ausgangspunkt sind wir selbst und was wir selbst tun können. Zu hoffen, dass solche Situationen nicht mehr eintreten oder andere Menschen sich anders verhalten, ist keine Grundlage für eine wirksame Strategie. Zunächst die Analyse.

Schritt 1: Notieren Sie eine Situation, in der Ihre Gefühle mit Ihnen durchgehen und für die Sie gerne Strategien finden möchten. Geben Sie der Situation einen Namen:

____

Schritt 2: Was passiert mit mir in dieser Situation (Was macht meine Körper? Was sagt mein Gefühl?)

____

Schritt 3: Was löst dieses Gefühl aus? Was belastet mich? Was stresst?

____

Schritt 4: Was tue ich bisher in dieser Situation mit welcher Folge? ______________________________

____

Schritt 5: Was wünschte ich mir für Fähigkeiten/ Eigenschaften/Handlungsmöglichkeiten, um in dieser Situation souveräner, sicherer oder gelassener auftreten zu können? Wie/wo könnte ich das lernen und trainieren?

___

Schritt 6: Über welche Fähigkeiten/ Eigenschaften verfüge ich bereits, die mir helfen könnten, in dieser Situation souveräner, sicherer oder gelassener aufzutreten – Fähigkeiten/Eigenschaften, die ich in anderen Lebenszusammenhängen verfügbar habe?

___

Ziel: Wie möchten Sie in dieser Situation sein/handeln? Stellen Sie sich Ihr Ziel bildlich vor, spüren Sie, wie gut es sich anfühlt und beschreiben Sie es in positiven Worten (nicht „Ich bin weniger ängstlich", sondern „Ich traue mir zu ...").

___

___

Speichern Sie Ihr Ziel auch als Bild ab. Sehen Sie sich in dieser Situation vor Ihrem geistigen Auge und fühlen Sie das gute Gefühl, sicher mit der für Sie schwierigen Situation umgehen zu können. Die äußeren Faktoren der Situation können gleich bleiben (Kritik, Publikum, Ungerechtigkeit, Zeitdruck...), aber Sie verändern sich. Sie handeln so, wie Sie es möchten und lassen sich nicht durch andere oder Ihr heftiges Gefühl in eine Sackgasse treiben.

Ressourcen checken und erweitern

Übung 35

Oft beherrschen wir schon hilfreiche Lösungstechniken und haben lediglich das Problem, diese Kompetenz in der als schwierig erlebten Situation auch zu nutzen. Andere Fähigkeiten sind noch nicht ausreichend vorhanden und sollten gezielt weiter entwickelt werden. Checken Sie Ihre Kompetenzen mit der Tabelle auf der nächsten Seite. Prüfen Sie, was Sie bereits können, und notieren Sie, was Sie gerne dazu lernen oder weiter entwickeln möchten, um emotional belastenden Situationen besser begegnen zu können. Ergänzen Sie die Liste um Kompetenzen am Schluss, über die Sie verfügen bzw. gerne verfügen würden, die hier nicht aufgelistet sind.

- Mittlere Spalten („Kann ich"): Bewerten Sie, inwieweit Sie über die Kompetenz verfügen: + gut/ sehr gut, ○ mittel, – nicht so gut/ nicht vorhanden.
- Dritte Spalte („Weiterentwicklung"): Welche Priorität hat die Weiterentwicklung dieser Kompetenz für Sie? Prio 1 = Da möchte ich unbedingt dran arbeiten, Prio 2 = Ja, ein Ziel für mich, aber anderes ist zunächst wichtiger, Prio 3 = Jetzt für mich nicht dringlich (z. B. auch bei Kompetenzen, über die Sie verfügen).

Lösungstipp

Sie können diese Tabelle auch kopieren und einer Vertrauensperson geben, die sie zusätzlich zu Ihnen ausfüllt. So können Sie Ihre Selbsteinschätzung mit der der anderen Person vergleichen.

Kompetenz	Kann ich			Weiter-entwicklung		
Vor Publikum frei sprechen	+	○	-	1	2	3
Sagen, was ich meine/denke/möchte	+	○	-	1	2	3
Nein sagen, Grenzen setzen	+	○	-	1	2	3
Sachverhalte begreifen/analysieren	+	○	-	1	2	3
Schlagfertig reagieren	+	○	-	1	2	3
Mich in andere hineinversetzen	+	○	-	1	2	3
Bei Provokationen gelassen bleiben	+	○	-	1	2	3
Andere beruhigen/deeskalieren	+	○	-	1	2	3
Situationen einschätzen/vorhersehen	+	○	-	1	2	3
Dinge im Zusammenhang sehen	+	○	-	1	2	3
Dinge auf den Punkt bringen	+	○	-	1	2	3
Ideen, Neues entwickeln	+	○	-	1	2	3

Planen, organisieren	+	○	-	1	2	3
Meine Gefühle früh wahrnehmen	+	○	-	1	2	3
Mich selbst beruhigen	+	○	-	1	2	3
Dinge humorvoll sehen/scherzen	+	○	-	1	2	3
Mich vor Angriffen schützen	+	○	-	1	2	3
...	+	○	-	1	2	3
...	+	○	-	1	2	3
...	+	○	-	1	2	3

Handlungsfähig bleiben Übung 36

Um auch in schwierigen Situationen sicher und handlungsmächtig zu bleiben, ist es wichtig zu wissen, was man in solchen Situationen aktiv tun kann. Ohnmacht steigert Stress, Angst und Wut. Die Psychoanalytikerin und Gruppenpädagogin Ruth Cohn bemerkte treffend: „Wir sind nicht ohnmächtig, wir sind nicht allmächtig, wir sind partiell mächtig." Um die Erhaltung oder Rückgewinnung dieser partiellen Macht geht es, wenn wir unsere Gefühle und unser Verhalten auch in schwierigen Situationen selbst steuern möchten. Überlegen Sie, was Sie konkret tun können, um in für Sie schwierigen Situationen handlungsmächtig zu bleiben oder es zu werden. Als Anhaltspunkte für solche Strategien zunächst einige Beispiele:

Problem: Angst, Fragen nicht beantworten zu können.

- **Strategie:** Wenn ich eine Frage nicht beantworten kann, sage ich zu mir: „Ist OK. Keiner weiß alles." Ich antworte dem Fragenden sinngemäß „Das ist ein Teilaspekt, mit dem wir uns noch nicht intensiv befasst haben. Wir werden das überprüfen. Ich werde Ihnen unsere Einschätzung Ende der Woche zukommen lassen." Dann lenke ich auf ein für mich sicheres Terrain: „Wichtig war für uns ..."
- **Alternative:** Ich spiele auf Zeit, wiederhole sein Anliegen in eigenen Worten (Paraphrase), frage nach und überlege mir während seiner Antwort, wie tief ich darauf eingehen möchte.

Problem: Ich rede leise und ausdrucksarm. Ich wirke distanziert und steif.

- **Strategie:** Ich arbeite mental/körperlich daran, lockerer in die Situation hineinzugehen. Auf Kompetenz-Ebene werde ich gezielt an meinen rhetorischen Fähigkeiten arbeiten. Ich werde im nächsten halben Jahr mindestens zwei Seminare für Präsentation/Moderation besuchen, um Techniken zu erlernen, die mir Sicherheit geben. Ich werde dafür Unterstützung durch Fortbildungen bei meinem Arbeitgeber einfordern.
- **Alternative:** Ich bilde mich privat fort – Volkshochschule, Fachliteratur, Coaching. Dieses Engagement ist auch positiv im Lebenslauf für den Fall eines Jobwechsels.

Problem: Wenn er wieder so gleichgültig ist, gehe ich sofort an die Decke.

- **Strategie:** Ich stelle mir vor, wie die Situation voraussichtlich verlaufen wird. Ich weiß, dass er zu 85 % Wahrscheinlichkeit völlig desinteressiert sein wird. Ich nehme das als gegeben hin. Es lohnt sich nicht für mich, sich darüber aufzuregen. Verschwendete Lebensenergie. Stattdessen werde ich meine Energie nutzen, ihn dazu zu bringen, dem Antrag X zuzustimmen.
- **Alternative:** Ich werde ihn erst auf sein Steckenpferd Y ansprechen und dann ... Klar ist in beiden Fällen, er wird mich nicht auf die Palme bringen, egal wie er auftritt.

Jetzt sind Sie dran:

Problem:

____

____

- **Strategie:**

  ____

  ____

  ____

- **Alternative:**

  ____

  ____

  ____

Zeit gewinnen mit Gesprächstechniken

Für die Bewältigung heutiger Stresssituationen brauchen wir differenzierte Lösungen, die überwiegend nicht körperlicher Natur sind. Um unser Handeln in Problemsituationen angemessen steuern zu können, müssen unser Gefühls- und unser Denksystem eng kooperieren. Zur Kopplung beider Systeme brauchen wir etwas Zeit, da das Gefühlssystem schneller reagiert als das rationale Denken. Das Gefühlssystem arbeitet blitzschnell, unbewusst und automatisiert; die rationale Verarbeitung der Information und das Denken müssen erst zugeschaltet werden.

Um Zeit für die Kopplung beider Systeme und die rationale Analyse der Situation zu gewinnen, ist es hilfreich, behaviorale Techniken – also Verhaltensmuster – zur Entschleunigung einer Gesprächssituation zu beherrschen. Frage- und Paraphrasetechnik sind vielfältig anwendbar und helfen Ihnen, sich in Drucksituationen etwas Luft zu verschaffen.

Fragetechnik Übung 37

Sie werden mit einer überraschenden Information konfrontiert, bekommen eine heikle Frage gestellt, werden eventuell indirekt angegriffen oder werden unvermittelt zu einem Statement oder einer Entscheidung gedrängt – Drucksituationen, auf die Sie nicht selten auch mit einer schnellen, stressgeprägten Emotion reagieren werden. Eine behaviorale Technik, Ruhe ins System zu bekommen, Zeit und Klarheit zu gewinnen, ist das Rückfragen. Besonders geeignet sind offene Fragen, also Fragen, auf die Ihr Gegenüber nicht knapp mit Ja oder Nein antworten kann. Geeignet sind offene Fragen: Informations-/ Faktenfragen, Begründungsfragen oder Definitionsfragen. Um die Fragen etwas abzupuffern, können Sie einen Satz vorschieben, der auf das Vorangegangene eingeht:

- **Informationsfragen:** „Welche Maßnahmen zur Qualitätssteigerung halten Sie denn für erfolgversprechend?", „Sie deuteten Skepsis an. Welche Erfahrungen haben Sie mit unserem Partner in der Ukraine gemacht?"
- **Begründungsfragen:** „Sie sprechen sich tendenziell gegen die Quote aus, wenn ich Sie richtig verstanden habe. Was sind Ihre Gründe für die kritische Einschätzung?", „Warum ist für Sie die Aufnahme dieses Aspekts in das Dokument so wichtig?"
- **Definitionsfragen:** „Sie sprachen die Mängel in China an. Welche Mängel meinen Sie genau?", „Bevor ich antworte, nur für mein Verständnis: Was heißt für Sie in diesem Zusammenhang zu teuer?"

Wie könnten Sie sich auf die folgenden Aussagen mit einer offenen Frage Zeit verschaffen? Formulieren Sie eine Frage oder eine Frage mit einleitendem Satz:

1 „Wir sollten uns nicht mit so Kleinigkeiten abgeben und uns lieber um Wesentliches kümmern."

____

____

2 „An Ihrer Stelle würde ich da nicht so offensiv dran gehen. Mir ist noch gut in Erinnerung, wie das Meißen-Projekt geendet ist."

____

____

3 „Wie erklären Sie sich denn, dass Ihre Kollegen aus der Abteilung X zu einem ganz anderen Schluss gekommen sind und darüber diskutieren, das Projekt aufzugeben?"

____

____

4 „Wissen Sie, das funktioniert sowieso nicht. In unserer Abteilung lässt sich das nicht durchsetzen."

____

____

5 „Sagen Sie mal, was halten Sie von dem Vorschlag?"

____

____

Lösung

Wie immer in der Kommunikation gibt es mehrere gute Lösungsvarianten. Hier jeweils eine Antwortmöglichkeit:

1. „Herr Schmidt, Sie wirken unzufrieden mit dem Verlauf der Diskussion. Was wäre aus Ihrer Sicht wesentlich?" (Definitionsfrage zu dem Wort „wesentlich")
2. „Frau Müller, mir ist nicht ganz klar, worauf Sie anspielen. Wo sehen Sie die Parallelen zu dem Meißenprojekt, das – wenn ich mich recht erinnere – 2001 abgeschlossen wurde? Was würden Sie empfehlen?" (Informationsfrage)
3. „Die Abteilung X hat sicherlich eine andere Sicht auf diese Fragestellung. Ich bin in deren Arbeit nicht direkt involviert. Worum geht es genau in dieser Diskussion?" (Informationsfrage)
4. „Herr Keller, Sie äußern Zweifel an der Umsetzbarkeit in Ihrer Abteilung. Warum halten Sie die Einführung von X bei Ihnen für schwer umsetzbar?" (Begründungsfrage) oder: „Wo erwarten Sie Schwierigkeiten?" (Informationsfrage)
5. „Wie genau lautet sein/Ihr Vorschlag?" (Informationsfrage) oder: „Ihren Vorschlag habe ich verstanden. Doch bevor ich da genauer drauf eingehen kann, wäre für mich noch wichtig zu wissen, wie Sie Ihren Vorschlag begründen. Warum wollen Sie ...?" (Begründungsfrage)

Paraphrase-Technik üben **Übung 38**

Ein anderes Mittel, in Gesprächen Zeit zur Gefühls- und Gedankenklärung und zur Entscheidungsfindung zu gewinnen, ist die Paraphrase: Sie fassen mit Ihren Worten zusammen, was der andere gesagt hat. Sie müssen dabei nichts hinzufügen, kommentieren oder erweitern. Durch die Wiederholung liegt der Gesprächsball wieder auf der Seite des anderen. Er wird ihn aufgreifen und seine Aussage noch weiter erläutern, so dass Sie Zeit gewinnen.

Das Zurückspielen des Gesprächsballs ist vor allem dann wichtig, wenn Sie selbst betroffen sind und auf eine Aussage in Bruchteilen von Sekunden mit einem starken Gefühl reagieren. Sie brauchen dann Zeit, um sich zu sammeln und Ihr Gefühls- und Denksystem zu koppeln. Beispiele:

- „Wir haben vor, Aufgaben aus der Personalabteilung an externe Dienstleister zu vergeben." Paraphrase: „Hm, Sie wollen also Aufgaben ausgliedern." Pause lassen. Der andere wird das weiter erläutern.
- „Wissen Sie, dieses ganze Gerede um Qualitätsoffensive und Kundenzufriedenheit und weiß der Teufel was, das bringt nichts, solange überall Personal eingespart wird." Paraphrase: „Verstehe ich Sie richtig? Sie sehen also personelle Unterbesetzung als einen Grund für unsere Probleme mit der Qualität an." Pause. Der andere wird weiter erläutern.

Und nun Sie: Sie befinden sich in einem Gespräch. Sie wissen noch nicht genau, wie Sie auf die Aussage des anderen reagieren wollen. Sie nutzen die Paraphrase-Technik, um Zeit zu gewinnen und den anderen zum Weiterreden zu verlocken. Finden Sie Paraphrase-Formulierungen als Reaktion auf folgende Aussagen.

1 „Ich teile Ihren Optimismus in dieser Frage nicht."

____

____

2 „Für mich ist das klar, wir müssen verkaufen."

____

____

3 „Wenn alle so denken würden wie Sie, ginge das ja vielleicht. Aber Jungs aus der Produktion sehen das anders."

____

____

4 „Vergessen Sie das. Das kriegen Sie nie durch."

____

____

5 „Letzte Woche haben Sie noch gesagt, das hat oberste Priorität, jetzt soll ich auch noch für den Kollegen Köhler die Kohlen aus dem Feuer holen. Wie soll das gehen?"

____

____

Lösung

Auch hier gibt es mehrere gute Lösungsvarianten. Hier jeweils eine Antwortmöglichkeit:

1 „OK. Ich merke, Sie haben Bedenken." Pause.
2 „Sie wollen also verkaufen." Pause
3 „Aha, die Leute aus der Produktion sehen das anders." Pause.
4 „Sie haben also Zweifel an der Durchsetzbarkeit." Pause
5 „OK, sieht so aus, als hätte ich Ihnen da zu viel zugemutet." Pause.

Praxistipp

Sollte das Gegenüber aus welchen Gründen auch immer schweigen, können Sie mit einer Informationsfrage nachhaken: „Welche Bedenken haben Sie?" (z. B. bei 1). In 98 % der Fälle wird dies nicht nötig sein, wenn Ihre Paraphrase inklusive Pause souverän ist, Sie an der Sichtweise des anderen wirklich interessiert sind und Blickkontakt halten.

> Die Paraphrase ist auch ein gutes Mittel, wenn Ihr Gegenüber selbst emotional aufgewühlt ist. Wenn Sie sein Gefühl in die Worte einer Paraphrase packen und den richtigen Ton treffen – vorwurfsfrei – wird das Gegenüber sagen, was es denkt und fühlt.

Mit Gefühlen anderer umgehen

In diesem Kapitel lernen Sie,

- sich auf die Persönlichkeit anderer einzustellen,
- sich in die Gefühlswelt anderer hineinzuversetzen,
- mit Wut, Ärger, Traurigkeit und Enttäuschung anderer angemessen umzugehen.

Darum geht es in der Praxis

Wir haben nicht nur mit unseren eigenen Gefühlen zu tun, sondern auch mit denen, die von anderen zu uns branden. Problematisch kann für uns dabei nicht nur ein Zuviel, sondern auch ein Mangel an Gefühlsäußerung, große Distanz oder Kühle sein. Je nach Persönlichkeitstyp ist der Umgang mit Gefühlen unterschiedlich. Um andere zu verstehen, brauchen wir außer Erfahrung vor allem Empathie – die Fähigkeit, sich in andere einzufühlen, auch dann, wenn sie ganz anders sind als wir. Die Fähigkeit zur Empathie ist von Natur aus angelegt, muss aber am konkreten Beispiel im Alltag erlernt und weiterentwickelt werden. Wer im beruflichen und privaten Alltag eng mit Menschen kooperieren muss, profitiert von der Fähigkeit, die Perspektive des anderen nachvollziehen zu können, zu erfühlen, was los ist. Viele Gespräche lassen sich so besser steuern und zu besseren Ergebnissen führen. Mit gezielten Übungen können Sie diesen Prozess intensiver und bewusster gestalten.

Wenn Sie verstehen, warum jemand emotional betroffen oder erregt ist, können Sie durch entsprechendes Verhalten Ihrerseits und Gesprächstechniken moderierend auf Ihr Gegenüber einwirken. So können Sie aktiv zu Entschärfung kritischer Situationen beitragen und bessere Verständigung ermöglichen.

Verschiedene Persönlichkeitstypen erkennen

Sie wissen aus eigener Erfahrung, dass Menschen mit ihren Gefühlen unterschiedlich umgehen und auf Emotionales unterschiedlich reagieren. Wenngleich jeder Mensch einmalig ist, lassen sich jedoch bestimmte Grundtendenzen erkennen. So gibt es verschiedene Persönlichkeitstypen mit bestimmten Vorlieben, die sich auch in ihrem Gefühlssystem widerspiegeln. Nach dem Tiefenpsychologen Fritz Riemann stellen sich zur Definition der Persönlichkeitstypen zwei grundsätzliche Fragen: Wie viel Nähe zu anderen Menschen, wie viel Gemeinschaft brauche ich? Oder: Wie viel Individualität, Eigenständigkeit und Abgrenzung brauche ich? Dies berührt die Grundfrage nach Nähe und Distanz. Die zweite Grundsatzfrage betrifft das Leben in der Zeit, das Spannungsverhältnis zwischen Dauer und Wechsel. Wie wichtig ist mir Gewohntes, Tradiertes, Sicherheit? Oder: Wie groß ist meine Lust auf Neues, Entwicklung, Wechsel?

Sie können besser mit anderen und deren Gefühlen umgehen, wenn:

- Sie sich selbst und Ihre Gefühle realistisch einschätzen können,
- Sie das Anders-Sein Ihrer Mitmenschen erkennen und vom Grundsatz her akzeptieren können,
- Sie sich auf die Persönlichkeit der anderen und ihren unterschiedlichen Zugang zur Welt und zu ihren Gefühlen einstellen können.

Erkennen Sie Ihre Gefühlsheimat

Übung 39

Auf den unten abgebildeten Achsen können Sie als Persönlichkeit unterschiedlich stark zu den vier Polen neigen. Sind Nähe und Kontakt für Ihr Wohlbefinden wichtig, ist Ihre seelische Heimat im linken Feld. Langweilen Sie sich darüber hinaus schnell und lieben Sie neue Herausforderungen, finden Sie Ihre Gefühlsheimat eher unten links. Je näher Sie sich einem äußeren Pol fühlen, desto ausgeprägter ist die Strömung.

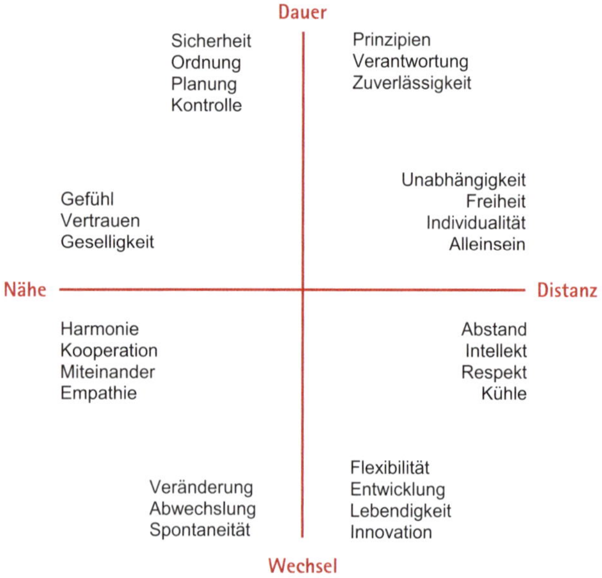

Persönlichkeitstypen nach Fritz Riemann (1989)

Manche Menschen sind sehr mittig orientiert, andere mehr links, mehr rechts, mehr oben, mehr unten.

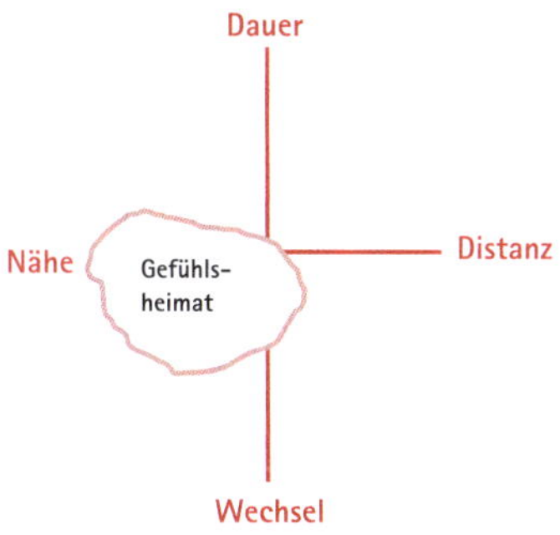

Beispiel: Frau Fischer fühlt sich wohl im Kontakt mit anderen in einem abwechslungsreichen Umfeld. Kontrolle, Routine schätzt sie nicht. Konflikte mit anderen gehen ihr nah. Sie kann sich gut auf unterschiedliche Menschen und Situationen einstellen.

Erkennen Sie nun Ihre gefühlsmäßige Grundströmung. Zeichnen Sie Ihr seelisch-gefühlsmäßiges Heimatgebiet ein:

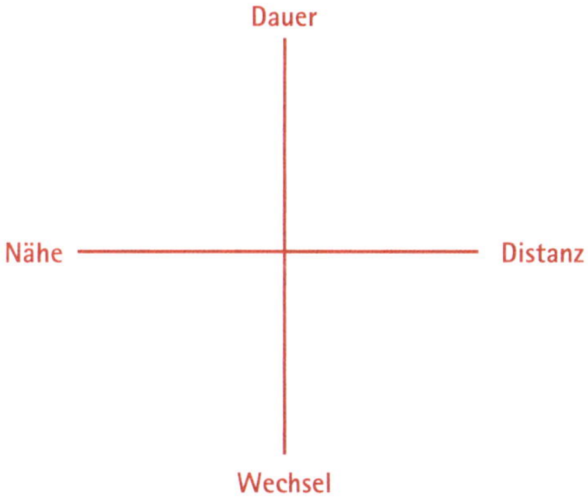

Entwicklungsspielraum ausloten — Übung 40

Stärken in einem Feld sind immer mit Schwächen in einem anderen verbunden. Frau Fischer aus der vorherigen Übung mit ihrer klaren Ausprägung zum Pol Nähe, wird wenig Mühe haben, die Emotionen anderer Menschen zu spüren, sich in sie hineinzuversetzen und sich in ein Team einzugliedern. Diese Stärke im Bereich Nähe ist jedoch oft verbunden mit der Schwierigkeit, sich durchzusetzen, Konflikte und Streit aushalten zu können oder auch seine Gefühle zu regulieren, also das Gefühlssystem mit dem rationalen System zu koppeln. Umgekehrt fällt es Distanz-liebenden Menschen oft schwer, Zugang zu ihren eigenen Gefühlen zu finden. Sie haben Schwierigkeiten, Menschen zu verstehen, die anders ticken als sie selbst. Deren emotionale Herangehensweise an Sachverhalte ist ihnen fremd. Sie verprellen Menschen leicht durch eine ruppige, wenig einfühlsame Art.

Jede Persönlichkeit hat die Chance, ihren seelisch-gefühlsmäßigen Spielraum zu vergrößern, indem sie sich auf den Achsen ein wenig in die Richtung bewegt, die außerhalb ihres Heimatgebiets liegt. Frau Fischer könnte trainieren, besser auszuhalten, dass jemand auf sie sauer ist, wenn sie Nein sagt oder eine Grenze setzt. Distanz-Menschen können gezielt ihr eigenes Empfinden und ihre Empathie schulen.

In welche Richtung könnten Sie sich weiterentwickeln?

Konfliktpotenzial einschätzen

Übung 41

Oft geraten wir mit Menschen aneinander, die eine ganz andere Gefühlsheimat haben als wir selbst. Wählen Sie eine Person aus Ihrem Umfeld, mit der Ihnen der Umgang schwer fällt oder mit der Sie öfters in Konflikt geraten. Zeichnen Sie ein, wo Sie deren gefühlsmäßig-seelische Heimat verorten.

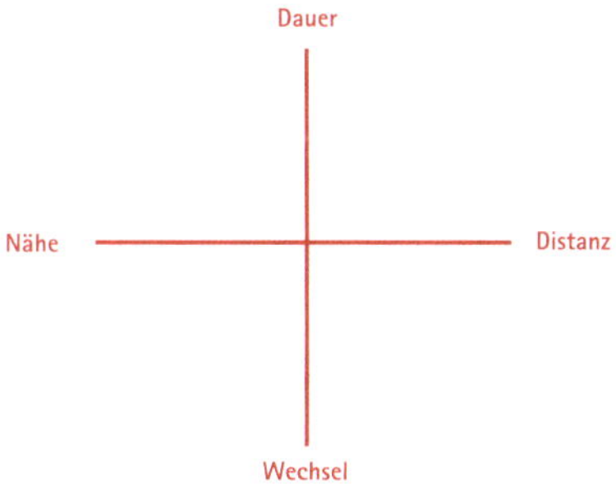

Beschreiben Sie die Stärken dieser Person:

____

____

Beschreiben Sie die unterentwickelten Eigenschaften:

____

____

Worin besteht typbedingtes Konfliktpotenzial zwischen Ihnen?

____

____

Praxistipp

Als Persönlichkeiten sind wir nicht in Beton gegossen. Wir entwickeln uns ständig weiter. Trotzdem bleiben bestimmte Grundströmungen einer Persönlichkeit über Jahrzehnte hinweg sehr beständig, wie ein roter Faden, der sich durchs Leben zieht. Es wird selten vorkommen, dass ein Mensch, der ein ruhiges, beschauliches Leben in der Natur schätzt, sich zu einem Partygänger entwickelt. Ein Mensch, dessen seelische Heimat weit rechts auf der Achse ist (Distanz), wird vermutlich kein besonders erfolgreicher Vertriebsmitarbeiter oder einfühlsamer Arzt werden. Entwicklung geschieht nicht uferlos, sondern innerhalb innerer und äußerer Grenzen. Diese sind allerdings in gewissem Maße erweiterbar.

Die Hoffnung, Konflikte dadurch zu lösen, dass Sie Ihre Mitmenschen ändern, ist folglich nicht sehr realistisch. Wenn sich Menschen ändern, dann nur sehr langsam und vor allem aus eigenem Antrieb heraus. Sie können die Beziehung zu anderen Menschen jedoch dadurch verbessern, dass

- Sie versuchen deren Persönlichkeit sowie ihre Sicht auf die Welt und ihr Empfinden zu verstehen;
- Sie Ihr eigenes Konfliktpotenzial kennen. Was ist für den anderen in der Beziehung zu Ihnen schwierig?
- Sie nicht nur die Gegensätze sehen, sondern das Anderssein des anderen als Ergänzung betrachten. Beispiel: Er ist ein Chaot? OK, aber mit seiner Begeisterungsfähigkeit gleicht er vielleicht Ihre Scheu vor Neuem aus.

Empathie entwickeln

Menschen sind als soziale Wesen grundsätzlich darauf geeicht, sich in andere Menschen einzufühlen. Doch trotz dieser Veranlagung zur Empathie ist diese Fähigkeit unterschiedlich ausgeprägt. Empathie muss auch erlernt und trainiert werden, vor allem durch Vorbilder im Kindes-/Jugendalter. Sind Bezugspersonen einfühlsam, sind sie Vorbild darin, die Empfindungen anderer Menschen wahrzunehmen und angemessen darauf zu reagieren, ist die Wahrscheinlichkeit groß, dass ihre Kinder auch über gut entwickelte empathische Fähigkeiten verfügen. Unsere stark an Konkurrenz und Leistung orientierte Gesellschaft hat Empathie jedoch nicht auf dem Lehrplan. Den gehäuften Konsum von Gewalt in Medien kann man sogar als ein Anti-Empathie-Programm ansehen. Anders gesagt: Unsere gesellschaftliche Ausbildung in Empathie ist mangelhaft. Es lohnt sich also diesem Thema Aufmerksamkeit zu widmen, denn als empathischer Mensch

- können Sie Reaktionen und Handlungen zuverlässig voraussehen, weil Sie die anderen besser verstehen,
- können Sie Gespräche und Verhandlungen zielgenauer vorbereiten und bessere Ergebnisse erzielen,
- können Sie diplomatischer auftreten, weil Sie spüren, was Ihr Gegenüber braucht bzw. nicht ertragen kann,
- fällt es Ihnen leichter, kundenorientiert zu entwickeln, zu argumentieren und reagieren,
- fühlen sich Menschen von Ihnen besser verstanden und bringen Ihnen mehr Vertrauen entgegen.

Gefühle anderer sehen Übung 42

Worte, aber auch Körpersprache und Stimmklang liefern uns wichtige Daten zum Verstehen anderer. Konzentrieren wir uns zunächst aufs Visuelle. Nutzen Sie Leerlaufsituationen im Alltag im Bus/Zug, in der Kantine etc., um Gefühle anderer zu „sehen".

Variante 1: Suchen Sie sich als Beobachtungsobjekt eine Ihnen unbekannte Person aus (z. B. im Supermarkt in der Warteschlange). Versuchen Sie folgende Gefühle zu erfassen:

- Wie fühlt sie sich wohl hier und heute?
- Wie fühlt sie sich grundsätzlich (sozusagen als Lebensgrundgefühl)?
- Was könnte sie gebrauchen? Was täte ihr gut?

Variante 2: Beobachten Sie eine Person, die Sie kennen (z. B. einen Kollege, Ihre Nachbarin). Versuchen Sie zu erfassen:

- Wie fühlt sie sich wohl hier und heute?
- Was könnte sie gebrauchen? Was täte ihr gut?
- Wenn Sie Zeit und Lust haben, verwickeln Sie Ihre Testperson in ein Gespräch und prüfen Sie, ob Ihr Eindruck stimmte, indem Sie sie erzählen lassen, wie's ihr geht.

Praxistipp

Gewöhnen Sie sich an, die Stimmung Ihres Gegenübers bewusst zu erfassen, sozusagen als Arbeitshypothese. Ob Ihr Gespür stimmte, finden Sie im Gespräch schnell heraus.

Gefühle anderer hören Übung 43

Das Telefon blendet den visuellen Kanal völlig aus. Wir müssen hören, was der andere meint, will, denkt, fühlt. Meist tun wir dies unbewusst, sozusagen nebenher. Trainieren Sie das bewusste Heraushören von Emotionen. Sie geben Ihnen wichtige Informationen über die Einstellung und Motive Ihrer Gesprächspartner. Sie können hören, ob jemand es ernst meint, er abgelenkt oder schlecht drauf ist. Verfeinern Sie diese Fähigkeit mit jedem Telefonat!

Variante 1: Sie telefonieren mit Fremden. Versuchen Sie sich anhand von Sprechweise und Stimmklang ein Bild von der anderen Person zu machen:

- Wie alt ist sie?
- Wie motiviert/interessiert ist sie?
- Wie fühlt sie sich?

Variante 2: Sie telefonieren mit einer vertrauten oder Ihnen bekannten Person. Versuchen Sie herauszuhören:

- Wie geht es ihr heute?
- Wie viel Energie/Interesse/Freude ... hat sie heute?

Wenn das Gespräch dies möglich macht, sprechen Sie Ihre Beobachtung an (z. B. „Sie wirken heute etwas unter Druck" oder „Es klingt, als wären Sie frisch aus dem Urlaub zurück.") und testen Sie die Reaktion.

Perspektivwechsel: Wie ginge es mir ...? Übung 44

Eine Orientierungshilfe, um die Gefühle anderer zu erschließen, ist die Frage: Wie ginge es mir in dieser Situation? Klar, Sie sind ein anderer Typ und empfinden nicht genauso wie der andere. Aber der Perspektivwechsel erleichtert das Verstehen.

Variante 1: Lesen Sie die Zeitung. Täglich wird berichtet, wem was zugestoßen ist. Überlegen Sie, wenn Sie etwas lesen: Wie würde ich empfinden, wenn ich an seiner/ihrer Stelle wäre? Was wäre mir in dieser Situation wichtig? Was bräuchte ich?

Variante 2: Überlegen Sie, bevor Sie jemandem etwas mitteilen oder von jemandem etwas einfordern: Wie würde ich es finden, wenn man mir das sagen würde? Wie würde ich reagieren? Überlegen Sie dann: Wie wird er/sie das finden? Wie wird er/sie darauf reagieren?

Überprüfen Sie später, wie es tatsächlich gelaufen ist, und speichern Sie die Erfahrung in Ihrer unendlich großen, leistungsfähigen Menschenkenntnis-Datenbank ab. Das bewusste Sammeln solcher Erkenntnisse erhöht die Treffsicherheit Ihrer empathiebasierten Voraussagen.

Gefühle erschließen — Übung 45

Welche Gefühle haben die folgenden Personen vermutlich? Wie erklären Sie sie? Schreiben Sie stichwortartig Ihre Hypothesen dazu auf.

1 Das Dokumentenmanagement in der Abteilung von Herrn Frank soll auf eine neue Software umgestellt werden. Er selbst möchte durchsetzen, weiterhin mit der gewohnten Software zu arbeiten. Argumente zur Wirtschaftlichkeit und Leistungsfähigkeit des Systems nimmt er zur Kenntnis, sie haben aber keine Wirkung auf ihn.

____

____

____

2 Frau Felder arbeitet als Produktmanagerin sehr gut und zuverlässig. Ihre Vorgesetzte verhält sich ihr wie auch anderen gegenüber distanziert und zurückhaltend. Fehler benennt sie jedoch in aller Klarheit. Frau Felder empfindet in Zusammenarbeit mit der Chefin Stress.

____

____

(Fortsetzung auf der nächsten Seite)

3 Herr Schenk arbeitet in einem leistungsorientierten Team. Die Konkurrenz unter den Kollegen wird verstärkt durch ein Entlohnungssystem mit variablem Anteil. Der Austausch im Team ist reduziert. Jeder arbeitet für sich und hält sich mit Informationen zurück. Herr Schenk, selbst sehr leistungsstark, überlegt die Firma zu wechseln.

____

____

____

4 Jenny und Marc leben seit 8 Jahren zusammen. Sie, mittlerweile 34 Jahre alt, möchte gerne eine Familie gründen. Er sagt, er wär' noch nicht reif genug und weiß nicht, ob er das überhaupt will.

Jenny:

____

____

Marc:

____

____

Lösung

Die Fallbeschreibungen sind sehr kurz. Wir können also nur erahnen, welche Gefühle eine Rolle spielen. Doch auch im normalen Leben wissen wir nie, wie der andere sich fühlt. Wir können nur beobachten und mit Hypothesen arbeiten. Hier meine Hypothesen zu den Fällen:

1 Herr Frank erkennt den Nutzen des neuen Systems. Aber seine Angst vor Neuem, die Sorge, den neuen Anforderungen nicht gerecht zu werden, die Unlust, Neues zu lernen, sind einfach größer. Will man Herrn Frank gewinnen, sollte man weniger mit Wirtschaftlichkeit und Effizienz argumentieren. Wichtig ist, ihm seine Angst vor Versagen zu nehmen und ihn in der Einarbeitung eng zu begleiten. Im Achsenkreuz (siehe Seite 226) ist er mit seiner Gefühlsheimat wohl eher oben angesiedelt.

2 Herr Münzel ist ein Mensch, der seine Autonomie liebt und die Motivation zur Leistung aus der Aufgabe und aus sich heraus gewinnt. Kontrollen und Regeln demotivieren ihn. Die Aussicht, enger mit anderen kooperieren zu müssen, die vielleicht nicht so schnell verstehen wie er, ist für ihn unangenehm. Er ist eher bereit den Job zu wechseln, als sich auf die neuen Bedingungen einzulassen. Als Persönlichkeitstyp im Achsenkreuz ist er vermutlich weit rechts unten.

3 Frau Felder arbeitet gewissenhaft und gut. Feedback bekommt sie jedoch nur, wenn etwas nicht so gut gelaufen ist. Für ihr seelisches Gleichgewicht braucht sie auch positives Feedback, Anerkennung ihrer Arbeit und das Gefühl,

dass ihre Chefin zufrieden ist. Diese positiven Signale und das Gefühl einer harmonischen Beziehung bekommt sie nicht. So empfindet sie Stress und fühlt sich unwohl, obwohl äußerlich alles in Ordnung ist. Der Mangel an Beziehung und Anerkennung erzeugt diesen Stress. Auf der Achse wird sie eher oben links zu finden sein. Die Chefin hätte Entwicklungsbedarf in Richtung Empathie, Nähe, Beziehung und Feedbackkultur.

4 Herr Schenk ist selbst leistungsstark und erhält dementsprechend durch den variablen Anteil seines Lohns auch eine gute Bezahlung. Das reicht aber nicht, um ihn zufrieden zu stellen. Er möchte bei seiner Arbeit neben der sachlichen Herausforderung auch Teamgeist, Austausch, Kooperation. Dies gedeiht in diesem Klima nicht. So macht ihm die Arbeit keinen Spaß. Ein gutes Team motiviert ihn mehr als eine Prämie.

5 Marc weiß, was er will bzw. nicht will. Das setzt er auch durch, ohne groß darüber nachzudenken, was das für seine Partnerin bedeutet. Er kann sich noch 10 Jahre und mehr Zeit lassen, um zu überlegen, ob er reif genug für die Vaterrolle ist. Jenny ist mit 34 Jahren schon über die fruchtbarste Phase hinaus. Sie hat die Wahl, entweder frustriert zu sein, dass ihre Bedürfnisse nicht ernst genommen werden und zu leiden oder massiver für die Erfüllung Ihres Wunsches einzutreten oder die Beziehung zu beenden, um ihren Lebenstraum von einer Familie mit einem kooperationswilligeren bzw. reiferen Mann zu realisieren. Jede dieser drei Lösungen wird nur mit starken Emotionen zu haben sein.

Emotionalen Extremen souverän begegnen

Deeskalieren bei Ärger und Wut — Übung 46

Bei Ärger und Wut ist Vorsicht geboten. Der Körper des anderen ist hormonell auf Kampf umgestellt, Hirnleistung, Schmerzempfindlichkeit sind reduziert, Durchblutung, Kraft, Risikobereitschaft sind gesteigert. Nicht jeder hat gelernt, seine Wut zu kontrollieren. Schnell kann ein als provokant erlebter Satz, eine Geste zur Eskalation führen. Einige einfache Regeln erleichtern Ihnen den souveränen Umgang in einer solchen Situation.

Verärgerte Menschen beruhigen	
Nicht weiter reizen	Nichts sagen/tun, was den Ärger weiter anfachen könnte.
Reden lassen	Der andere muss sich seinen Ärger von der Seele reden. Die Ärger-Energie verpufft dann etwas.
Provokationen ins Leere laufen lassen	Legen Sie die Worte des anderen nicht auf die Goldwaage. Überhören Sie Vorwürfe und Beschimpfungen zunächst.
In Kontakt gehen	Schauen Sie Ihr Gegenüber direkt an, seien Sie interessiert, zeigen Sie, dass Sie zuhören.
Nachfragen	Lassen Sie sich den Vorfall erklären. Durch den sachlichen Zugang wird der andere ruhiger und

	Sie verstehen den Hintergrund des Ärgers besser.
Contra und Argumente vermeiden	Das Gehirn des anderen arbeitet im Sparmodus. Argumentieren können Sie erst, wenn der andere beruhigt ist. Contra heizt den Ärger neu an und führt zur Eskalation.
Langsam sprechen	Wütende können schnelle, wortreiche Antworten nicht verarbeiten. Formulieren Sie kurze, einfache Sätze. Reden Sie kurz, betont, sanft, langsam.
Bestätigen, was Sie bestätigen können	Das zeigt, dass Sie nicht kämpfen, sondern eine gemeinsame Lösung wollen. Immer wenn der andere etwas sagt, bei dem Sie zustimmen können, stimmen Sie laut und vernehmlich zu.
Verständnis verbalisieren	Drücken Sie Mitgefühl aus, wo Sie die Perspektive des anderen verstehen können.
Wir tun was	Führen Sie das Gespräch lösungsorientiert. Strahlen Sie Gewissheit aus, dass es Lösungen gibt und machen Sie sich mit dem anderen danach auf die Suche. Eine vorläufige Lösung ist oft auch ein passables Ergebnis.

Wie können Sie in den folgenden Situationen reagieren, um eine Eskalation zu vermeiden? Wenden Sie zur Lösung die Regeln oben an.

1 „Das ist doch nicht Ihr Ernst! So eine elende Bürokratie! Bevor hier irgendwas passiert, muss man erst Aktenordner voller Anträge stellen ..."

____

____

____

____

2 „Wenn Sie meinen, dass Sie das so machen müssen, dann tun Sie das! Aber das wird Konsequenzen haben, das können Sie mir glauben! Dann steigen wird aus diesem Scheißprojekt aus ..."

____

____

____

____

3 „Das gibt's doch nicht. Da zahlt man einen Haufen Geld und dann kriegt man so einen Mist geliefert! Für Werbung haben Sie Geld wie Heu, aber dass die Dinger auch funktionieren ..."

____

____

____

____

Lösung

Auch hier gilt wieder: Viele Wege führen zum Ziel. Hier mögliche Antworten:

1 „Ja, Frau Schmidt, Sie haben Recht, die Beantragung ist wirklich recht aufwändig. Wir hätten das Verfahren auch gerne einfacher. Trotzdem würde ich in Ihrem Fall zuraten, die Mühe auf sich zu nehmen und die Förderung zu beantragen ..."
Bestätigen, wo bestätigen möglich – umfangreiche Bürokratie verärgert viele Leute und eine Rechtfertigung entfacht meist nur weiteren Zorn.
Das Einbeziehen der eigenen Perspektive („Wir hätten ...") macht aus dem Institutionenvertreter und potenziellen Gegner, den man beschimpfen kann, einen Menschen, der auch gerne einiges anders hätte.
Der auf den persönlichen Fall gemünzte Rat gibt dem anderen das Gefühl, dass man wirklich individuell schaut und helfen möchte.

2 „Das würden wir sehr bedauern. Wir schätzen Sie als erfahrenen Kooperationspartner und möchten eine Lösung, die wir gemeinsam tragen können. Was genau ist für Sie an unserem Vorschlag der problematische Punkt?"
Der eine will die Beziehung kappen, die Intervention zielt in die gegenteilige Richtung – Nähe und Beziehung. Der nächste Schritt ist auf eine Sachlösung hin orientiert. Die Frage bringt den anderen zum Reden. Seine Sicht steht im Mittelpunkt. Derweil können Sie genauer herausfinden, was dem anderen wichtig ist, was für ihn inakzep-

tabel ist, und eine Lösungsalternative suchen, die beiden Seiten gerecht wird.

3 „Herr Kranz, da scheint doch was ganz schön schief gelaufen sein. Bitte schildern Sie mir doch kurz, was passiert ist, damit ich mich darum kümmern kann."
Deutlich machen: Ich habe verstanden, er muss nicht noch weiter schimpfen.
Die Provokation ins Leere laufen lassen.
Sachfokussierung: Herausfinden, was eigentlich passiert ist.
Mit der Frage den anderen zum Reden bringen. Er kann mit der Darstellung Ärger-Energie abbauen.
Sie finden heraus, wie er tickt, was er braucht und können überlegen, was Sie als nächstes anbieten.

Anteilnahme bei Traurigkeit und Enttäuschung

Übung 47

Sie werden es nicht vermeiden können, Menschen durch Nachrichten und Entscheidungen zu enttäuschen. Wenn fünf sich bewerben, müssen Sie vieren absagen. Mit der falschen Reaktion können Sie Schmerz auch noch vergrößern. Manche sind grob, abweisend, aggressiv oder distanziert, um sich vor dem ihnen unangenehmen Gefühl des anderen zu schützen. Enttäuschte reagieren manchmal aggressiv und vorwurfsvoll und provozieren so auf der Gegenseite zusätzliche Härte. Mit den folgenden Regeln können Sie so etwas vermeiden.

Anteilnahme ausdrücken	Sagen Sie explizit, dass Sie verstehen, dass der andere enttäuscht ist.
Es tut mir Leid	Wenn Sie so handeln mussten und es Ihnen für den anderen Leid tut, dann sagen Sie das auch. Das ist keine Entschuldigung, sondern Mitgefühl.
Langsam sprechen	Emotional betroffene Menschen können schnelle, wortreiche Redebeiträge nicht verarbeiten. Formulieren Sie kurze, einfache Sätze. Reden Sie verständlich, betont, sanft, langsam.
Zeit lassen	Eine unangenehme Nachricht auch emotional zu verkraften, braucht Zeit. Nehmen Sie Tempo aus dem Gespräch. Lassen Sie Pausen, damit Ihr Gegenüber Zeit hat, sich zu sortieren.

In Kontakt bleiben	Machen Sie deutlich, dass Sie an ihm als Menschen nach wie vor interessiert sind, auch wenn Sie ihn in der Frage X enttäuschen mussten. Schauen Sie Ihr Gegenüber direkt an, bleiben Sie in Beziehung.
Tränen zulassen	Tränen irritieren manche so sehr, dass sie härter und distanzierter werden oder Zugeständnisse machen, die sachlich nicht tragbar sind. Tränen sind eine normale Form, Schmerz auszudrücken. Bleiben Sie also auch dann anteilnehmend, zugewandt, inhaltlich klar.
Hintergrund kurz erläutern	Erklären Sie nicht lang und breit wieso weshalb warum. Nur so viel Info, wie das Gegenüber verkraften kann. Die inhaltliche Aufarbeitung folgt zu einem zweiten Termin, wenn der andere mehr Abstand hat.
Wiederholungsschleifen vermeiden	Vermeiden Sie lange Rechtfertigungsszenarien und übermäßige Wiederholungen. Beenden Sie das Gespräch, wenn Sie das Gefühl haben, alles zu dem Zeitpunkt Notwendige ist gesagt.
Hilfe anbieten	Wenn Sie können und möchten, bieten Sie dem anderen Unterstützung oder Rat an.

(Fortsetzung auf der nächsten Seite)

Ihr Gegenüber drückt in den folgenden Gesprächssituationen direkt, indirekt (Mimik, Tonfall), resignierend oder aggressiv Enttäuschung aus. Reagieren Sie auf dieses Gefühl unter Beachtung der Regeln.

1 „Na ja, wenn Sie lieber mit dem anderen zusammen arbeiten, dann muss ich das so hinnehmen."

____

____

____

____

2 „Ehrlich gesagt, habe ich mir das anders vorgestellt. Immerhin hatten Sie mir die Beförderung schon halb zugesagt."

____

____

____

____

3 „Für deine Freundinnen hast du immer Zeit, mit denen telefonierst du stundenlang. Aber wenn ich mal mit dir was unternehmen will, dann hat die Madame keine Zeit."

____

____

____

____

Lösung

Es gibt natürlich mehrere denkbare Antworten. Hier eine Auswahl möglicher Reaktionen auf das Gesagte:

1 „Ja, ich kann mir vorstellen, dass das für Sie jetzt enttäuschend ist. Ich möchte aber deutlich machen, dass ich grundsätzlich sehr gerne mit Ihnen zusammen arbeite. Im Projekt X war es für uns einfach nur wichtig, dass wir jemanden haben, der schon länger Erfahrung mit C++ hat. Aber vielen Dank noch einmal für Ihre Bereitschaft, uns zu unterstützen. Ich werde sicherlich bei anderer Gelegenheit auf Sie zurück kommen."
Anerkennen des Gefühls.
Klar stellen, das Nein gilt für diesen Fall, nicht generell und ist nicht gegen die Person gerichtet.
Kurze Begründung für die Wahl des anderen.
Dank und positive Aussicht – deutliches Zeichen: Unsere Beziehung soll nicht darunter leiden, ich schätze Sie.

2 „Ja, ich kann gut verstehen, dass Sie da jetzt enttäuscht und verärgert sind. Es stimmt, ich hatte mit Ihnen bereits über diese Stelle geredet. Die letztendliche Entscheidung treffe ich aber nicht allein. Wir hatten Bedenken, ob... Deshalb möchten wir, dass Sie zunächst noch unser Führungskräftenachwuchsprogramm bis zum Ende absolvieren, bevor Sie mehr Verantwortung übernehmen. Das ist ein überschaubarer Zeitraum. Wie sehen Sie das?"
Gefühl explizit benennen und anerkennen.
Bestätigen, was zu bestätigen ist.
Kurze Erläuterung.

Perspektive aufzeigen.
Vorstellungen des anderen abfragen.

3 „Ja, das ist echt blöd, dass ich gerade jetzt keine Zeit habe bei einer Sache, die dir so wichtig ist. Ich würde dich auch wirklich gerne begleiten. Aber ich habe Freitag fest zugesagt. Lass uns etwas anderes gemeinsam planen. Mir ist es wichtig, dass wir zwei genügend Zeit zusammen haben, gerade wo das in letzter Zeit wirklich zu kurz gekommen ist."
Anerkennen des Grundes der Frustration.
Provokation (Telefonate, Madame) ins Leere laufen lassen.
Inhaltliches Eingehen auf Grund der Frustration (keine Zeit haben für ihn/Beziehung).
Explizite Wertschätzung der Beziehung, an der der andere Zweifel hegte.
Alternative suchen.

Grenzen setzen – Gespräch beenden

Übung 48

Wenn sich jemand nicht beruhigen lässt und die Aggressionen sich nachhaltig auch gegen Sie richten, beenden Sie das Gespräch ruhig, aber bestimmt. Machen Sie deutlich, dass Sie sich mit dem Sachverhalt auseinandersetzen wollen, aber nicht bereit sind, sich beleidigen und beschimpfen zu lassen. Setzen Sie ruhig eine klare, bestimmte Grenze. Wichtig ist hierbei auch, dass Sprache und Körpersprache kongruent sind.

Erinnern Sie sich an zwei Situationen, wo es besser gewesen wäre, Sie hätten das Gespräch rechtzeitig beendet, weil Sie oder der andere wegen der eigenen Emotionen nicht mehr wirklich gesprächsfähig war. Was hätten Sie sagen können, um das Gespräch ruhig und bestimmt zu beenden?

Lösung

Hier ein paar Varianten, wie Sie ein Gespräch klar, ruhig, souverän beenden, wenn Sie nach Checken der Lage (Ihr eigenes Gefühl – Analyse der Situation) zu dem Schluss gekommen sind, dass es besser ist, hier eine Grenze zu setzen.

1 „OK, wir haben jetzt schon eine Menge diskutiert. Ich glaube, wir kommen an dieser Stelle nicht weiter. Ich brauch jetzt erst etwas Abstand. Ich möchte das Gespräch hier beenden. Lassen Sie uns nächste Woche noch einmal in Ruhe darüber reden."

2 „Herr Schmidt, ich möchte gerne mit Ihnen eine Lösung für dieses Problem finden. Aber in diesem aggressiven Klima wird uns das nicht gelingen. Sie kennen unsere Lage, wir Ihre. Bitte überlegen Sie, was Sie von uns erwarten und was Sie sich vorstellen können. Wir tun dies auch. Wir werden dann nächste Woche in einem neuen Anlauf eine Lösung finden, die für beide Seiten akzeptabel ist."

3 „Herr Kaiser, ich möchte mit Ihnen nicht darüber reden. Das ist allein meine Angelegenheit. Bitte lassen Sie mich jetzt weiter meine Arbeit machen."

4 „Ich sehe, dass Sie sehr betroffen sind. Lassen Sie das Ganze erst einmal sacken und klären Sie das mit Ihrer Familie. Alle Fragen, die wir noch klären müssen, können wir dann am Donnerstag besprechen. Ich habe da um 11 Uhr eine Lücke. Wie sieht es bei Ihnen aus?"

5 „Danke für das Gespräch. Ich muss jetzt leider weg. "

Literatur

Caruso, D. R., Salovey, P.: Managen mit emotionaler Kompetenz, Frankfurt/M., 2005

Damasio, A.: Ich fühle, also bin ich, München, 2002

Goleman, D.: Emotionale Intelligenz, Wien, 2001

Klein, S.: Die Glücksformel, Hamburg, 2008

Ledoux, J.: Das Netz der Gefühle, München, 2001

Lelord, F., André, Chr.: Die Macht der Emotionen, München, 2011

Döring-Seipel, E./Sanne, Chr.: Emotionale Intelligenz, in: Gruppendynamik 30, 1999, S. 37–50

Rindermann, H.: Emotionale-Kompetenz-Fragebogen. Einschätzung emotionaler Kompetenzen und emotionaler Intelligenz aus Selbst- und Fremdsicht, Göttingen, 2009

Schulze, R., u. a.: Emotional Intelligence. An International Handbook, Washington, 2005

Salisch, M. v. (Hrsg): Emotionale Kompetenz entwickeln, Stuttgart, 2002

Stichwortverzeichnis

Bibliografische Information der Deutschen Nationalbibliothek
Die Deutsche Bibliothek verzeichnet diese Publikation in der Deutschen Nationalbibliografie; detaillierte bibliografische Daten sind im Internet über http://dnb.de abrufbar.

Print: ISBN 978-3-648-03504-7
ePDF: ISBN 978-3-648-03505-4

2., aktualisierte Auflage 2012

Redaktionsanschrift: Fraunhoferstraße 5, 82152 Planegg
Fon (0 89) 8 95 17-0, Fax (0 89) 8 95 17-2 50
E-Mail: online@haufe.de
Internet: www.haufe.de
Redaktion: Jürgen Fischer
Redaktionsassistenz: Christine Rüber

Konzeption und Realisation: Sylvia Rein, 81371 München
Lektorat: Nicole Jähnichen, 81249 München
Umschlaggestaltung: Kienle gestaltet, 70178 Stuttgart
Druck: freiburger graphische betriebe, 79108 Freiburg

Die Autorin

Anja von Kanitz

ist selbstständige Trainerin, Beraterin und Coach mit den Schwerpunkten Rhetorik, Kommunikation und Moderation u. a. für die Haufe Akademie. Sie ist Lehrbeauftragte an der Universität Marburg und verfügt über langjährige Praxis in der Personalentwicklung von Unternehmen, Institutionen und Verwaltungen. Website: www.von-kanitz.de

Haufe Akademie GmbH & Co. KG
Anja von Kanitz
Lörracher Str. 9
79115 Freiburg
Tel.: 0761 4708-811
E-Mail: service@haufe-akademie.de

Weitere Literatur

„Think Limbic! Die Macht des Unbewussten verstehen", von Hans-Georg Häusel, 228 Seiten, mit Hör-CD, € 19,80
ISBN 978-3-448-06813-9, Bestell-Nr. 00174

„Psychologie für Führungskräfte", von Boris von der Linde und Anke von der Heyde, 216 Seiten, € 24,95
ISBN 978-3-648-00337-4, Bestell-Nr. 00295